Internet de las Cosas

Lo que Necesita Saber Sobre IdC, Macrodatos, Análisis Predictivo, Inteligencia Artificial, Aprendizaje Automático, Seguridad Cibernética, y Nuestro Futuro

Tabla de Contenido

Introducción

Imagine que se despierta en mitad de la noche cuando las bombillas inteligentes de su casa explotaron a toda potencia sin ninguna razón. Su investigación somnolienta muestra que se intentó descargar una actualización de firmware y falló. En ese momento, Alexa comienza a susurrar en silencio cosas sin sentido para sí misma en un rincón y Roomba comienza a estrellarse contra la pared más cercana.

¿Qué haría? ¿Su casa está embrujada o las máquinas finalmente han comenzado una rebelión? Ninguna de las dos: es solo otro día en el país de las maravillas de IdC.

Este libro muestra los conceptos y métodos que impulsan quizás el concepto tecnológico más ambicioso del siglo XXI - el Internet de las Cosas (IdC) - y muestra todos los dispositivos ridículamente tecnológicos imaginados para saturar el mercado antes de la competencia. Mística, barata y escalable, la idea de IdC atrae a estafadores creativos de todas las formas y tamaños para probar suerte y llevar otro dispositivo completamente innecesario al mercado con la esperanza de esquivar a los compradores crédulos. Lo que está a punto de leer contiene todos los ejemplos más relevantes de la tecnología IdC, que incluyen:

- Aspersores inteligentes que se pueden encender y apagar desde el otro lado del mundo

- Un inodoro inteligente con iluminación ambiental y altavoces para una inmersión total

- Velas perfumadas inteligentes con aroma a dinero prendido en fuego

- Una caña de pescar inteligente para recopilar estadísticas en el lugar

- Un purificador de aire inteligente que se mueve por la casa

- Un grifo de agua inteligente con iluminación LED

- Una copa menstrual inteligente

- Un bloque inteligente de madera

- Drones inteligentes

- Un candado inteligente

- Granjas inteligentes

IdC muestra un potencial sorprendente en la medicina, donde puede ayudar a los médicos y enfermeras en el trabajo diario relacionado con el manejo de enfermedades crónicas, como la diabetes. Mientras tanto, la sátira y las ilusiones abundan en IdC, presentándonos una gloriosa realidad llena de humor y de rascarse la cabeza. *¿En qué estaban pensando?* Bueno, vamos a averiguarlo.

Capítulo 1 – Origen de IdC

¿Conoce esa vieja canción con la letra, "hueso del pie conectado al hueso del talón; el hueso del talón conectado al hueso del tobillo" y así sucesivamente? Si imagina un gran cuerpo digital que abarca todo el mundo, cuyas partes están conectadas de la misma manera que se describe en la canción, excepto que están hechas de información y pequeños dispositivos, se acercará mucho a la idea de IdC. Los paquetes de datos que viajan de ida y vuelta en el cuerpo global de IdC representarían la actividad nerviosa en el cuerpo, donde las células se comunican entre sí para coordinarse y cumplir un propósito mayor en beneficio de todo el organismo. La definición de **IdC** sería: una serie de dispositivos con algún otro propósito al que se le ha dado conectividad a Internet.

Es difícil decir quién, si es que alguien, concibió la noción de IdC, pero podemos suponer que los científicos que buscaban reducir una fracción de segundo de sus interacciones con el mundo real fueron los primeros en adoptar la idea de los dispositivos interconectados y llevarla a buen término. Debido a que no les importaba la ostentación, sus dispositivos eran toscos y sus protocolos eficientes, lo que minimizaba la **superficie de ataque**, la debilidad conjunta de una red que se correlaciona directamente con la complejidad. Existe una manera de implementar IdC en el mundo real de forma segura, pero debe ser realizado por profesionales que conozcan los riesgos y los beneficios.

Durante la década de 1970, los académicos del Instituto de Tecnología de Massachusetts (MIT) estaban disfrutando de bebidas gaseosas frías de la máquina expendedora de Coca-Cola del campus a un precio con descuento. El problema era que, a medida que el campus crecía, los transeúntes se llevaban las bebidas casi de inmediato a expensas de aquellos en las afueras del campus, que tenían que caminar diez o quince minutos para descubrir que no había nada en la máquina expendedora, o peor aún, que se acaba de rellenar y que los refrescos aún estaban calientes. Entonces, había un problema real en una comunidad muy unida que condujo a la frustración y la pérdida de productividad. Como estamos a punto de aprender, IdC *puede ayudar* en situaciones como estas.

La máquina expendedora recibió micro-interruptores en cada una de las seis columnas para mantener las fichas cuando cada botella se colocaba dentro y si estaba lo suficientemente fría; después de tres horas, el procesador central marcaría la botella como "fría" en el programa complementario. A la máquina expendedora se le dio su propia cuenta de usuario en la red interna del campus, lo que permite a cualquiera acceder para que el usuario "coca cola" compruebe el estado de la botella. Cualquier persona conectada a Internet que pudiera acceder a la red del campus era capaz de verificar si las botellas estaban refrigeradas, aunque no tenía mucho uso en la función si estaba al otro lado del mundo. [1]

Tenga en cuenta el proceso orgánico de cómo IdC se integró con la tecnología existente: los miembros de una comunidad muy unida experimentaban incomodidad y pérdida de productividad debido a la tecnología obsoleta que proporcionaba información insuficiente. Al integrar la capacidad de IdC, reducida y altamente específica en la infraestructura tecnológica existente, se evitó la incomodidad y se

---

[1]https://www.cs.cmu.edu/~coke/history_long.txt

minimizaron las pérdidas de productividad. Existen muchas maneras de sabotear esta implementación particular de IdC, pero cualquier estafador de este tipo necesitaría acceso físico al campus, en cuyo caso será atrapado o identificado fácilmente. No es así como IdC funcionará para el público en general. En lugar de tener características específicas solicitadas por los clientes, los dispositivos IdC tendrán una gran cantidad de trucos que abrirán lugares de trabajo y hogares en todo el mundo a ataques de hackeo implacables.

Ninguna entidad específica decidió crear IdC; en realidad es una red espontáneamente emergente de dispositivos libremente aliados. Las industrias de software y hardware están ansiosas por un conjunto de estándares, e IdC parece ser lo más cerca que llegaremos a un estándar de interconexión global. Entonces, las cortinas de baño de China, los calcetines de lana de Italia y las tazas de café de Argentina pueden tener conectividad a Internet para convertirlos en dispositivos IdC que puedan comunicarse, pero la pregunta es - ¿por qué?

En realidad, IdC permite a las empresas compensar una parte de sus costes de producción mediante la recopilación y venta de datos de clientes, ocultando la inflación en el proceso. La intrusión de la privacidad sigue ahí, pero es mucho más fácil ignorarla cuando parece haber ahorrado un 20% en el precio de una cortina de baño o una taza de café. Claro, se le presentará una política de privacidad o términos de uso donde la letra pequeña indica que se rastreará su uso del producto, pero ¿quién los lee? ¿Cuándo fue la última vez que leyó un "término de servicio", y mucho menos la letra pequeña? Cuando una empresa detecta que los clientes no se preocupan por su privacidad y comienza a espiar descaradamente la funcionalidad de IdC, entonces todas las empresas tienen que comenzar a hacerlo o arriesgarse a quedarse en el camino.

En el aspecto práctico de las cosas, las cortinas de baño IdC pueden medir la humedad en el baño y abrir automáticamente las ventanas IdC para dejar salir algo de vapor de agua al terminar de ducharse.

Usted compró ventanas IdC, ¿no? Los calcetines de lana IdC pueden medir la circulación en sus pies y alertar cuándo debe estirarse o salir a caminar, y una taza de café IdC puede mostrar el tiempo en su superficie o simplemente comunicarse con su mesa de café IdC para advertirle a través de una aplicación que su café se está enfriando. Usted compró una mesa de café IdC, ¿verdad?

¿Entiende cómo funciona? Cada producto IdC proporciona una gran cantidad de utilidad que solo se hace realidad cuando compra los diez elementos que faltan y que confieren funciones adicionales a todo el conjunto. Ah, y comprar otros diez artículos desbloquea esta capacidad y otros 100 artículos y así sucesivamente. Al actuar sobre el instinto de atesoramiento inherente a todas las personas, las compañías que producen dispositivos de IdC apuntan a hacer una fortuna al sazonar nuestros espacios de vida con dispositivos aparentemente útiles que tienen una ventaja marginal sobre los artículos que no son de IdC en la misma categoría, pero por lo demás son iguales, excepto más costosos y completamente inseguros.

Capítulo 2 – Seguridad IdC

En cualquier red, el principio con respecto a la seguridad es que toda la red es tan segura como su enlace más débil. ¿Cuánta seguridad considera que tendría una cortina de baño IdC? Precisamente ninguna, porque el fabricante, probablemente una fábrica de Shenzhen, buscará minimizar los costos de producción y compensar cualquier responsabilidad en el siguiente eslabón de la cadena, como las ventanas IdC. Bueno, entonces, ¿cuánta seguridad tendrían las ventanas IdC? Ninguna en absoluto porque el fabricante estaría nuevamente siguiendo la misma lógica de obtener las mayores ganancias.

Una vez que un hacker informático secuestra cualquier dispositivo IdC en un hogar, él o ella se apoderará de todos ellos de forma en cascada, volviendo toda la red IdC contra el propietario. Hueso del pie conectado al hueso del talón; el hueso del talón conectado al hueso del tobillo... En un caso, un casino puso en peligro toda su red debido a un termómetro IdC en una pecera en el vestíbulo. La base de datos completa de jugadores fue hackeada, copiada y extraída a través de ese mismo termómetro y nadie pudo evitarlo. Pueden pasar años antes de que alguien se percate de estas violaciones de seguridad, e incluso entonces, las personas a cargo probablemente lo ignoren.

Simplemente no existe un conjunto de estándares de seguridad de IdC como el que existe con alimentos, automóviles o bicicletas; cualquiera puede hacer dispositivos IdC y comercializarlos a nivel mundial sin ninguna responsabilidad. Tampoco existe un seguro contra ataques de hackeo, lo que hace que todo el campo de IdC sea un esfuerzo fortuito, lo cual es ideal para empresarios que no tienen nada que perder, pero bastante perjudicial para las personas normales y las empresas que están entusiasmadas con la tecnología que termina por desaparecer. Eso no significa que IdC sea inútil, sino que simplemente debe implementarse en un entorno que ya sea seguro y con usuarios conocidos y confiables, tal como vimos con los académicos del MIT y su máquina de refrescos. ¿Qué sucede cuando IdC se implementa de forma insegura en todo el mundo? Ataques de hackeo, cuya escala eclipsa todo lo que hemos visto hasta ahora.

En 2016, una ola masiva de señales de internet se estrelló en las costas de los dispositivos de consumo de los Estados Unidos y causó una gran congestión en el tráfico. Proviene de dispositivos IdC que se dejan en línea descuidadamente para que cualquiera pueda hackearlos y hacerse cargo. CloudFlare, la compañía intermediaria que analiza el tráfico de Internet y mitiga los ataques cibernéticos, estudió este ataque en particular de ataques de denegación de servicio distribuidos y descubrió que provenían principalmente de Vietnam y Ucrania, pero que por lo demás estaban cuidadosamente orquestados en miles de direcciones IP diferentes. En ocasiones, el volumen de tráfico superó el millón de solicitudes por segundo y consistió en 52.467 direcciones IP diferentes. El análisis del tráfico de los atacantes mostró que los dispositivos vietnamitas eran probablemente cámaras CCTV debido a los puertos que habían sido abiertos.

El Director de Tecnología (CTO) de IBM, Bruce Schneier, advirtió en 2017 que los gobiernos deben tomarse en serio la seguridad de IdC e intensificar su protección antes de que el daño esté hecho. Mencionó: "Estamos construyendo un robot del tamaño del mundo, y la mayoría de las personas ni siquiera se dan cuenta", en un discurso de apertura en la conferencia de seguridad SecTor en Noviembre de 2017[2]. Lo que solía ser seguridad cibernética ahora tiene que evolucionar rápidamente para convertirse en "todo-seguridad", lo que implica que no se puede detener la creación de IdC, pero al menos podemos minimizar las vulnerabilidades.

En enero de 2019, el gobierno japonés anunció un proyecto de seguridad[3] de IdC durante el cual los hackers sancionados explorarán las redes de IdC y tratarán de violar enrutadores y cámaras web en redes vulnerables en preparación para los Juegos Olímpicos de 2020. Los hackers utilizarán lo que se conoce como **ataque de diccionario**, lo que significa que tendrán una lista compilada de todas las combinaciones de nombre de usuario / contraseña más utilizadas, como "admin / admin" o "admin / blank". Presumiblemente, la lista se enviará a los ISP japoneses que posteriormente alertarán a los propietarios de esos dispositivos para cambiar los nombres de usuario y las contraseñas. ¿Detecta alguna debilidad en este plan? Si un hacker informático echara un vistazo a esa lista, su trabajo sería mucho más fácil.

¿Por qué temer? En 2014, los Juegos Olímpicos de Invierno celebrados en Sochi, Rusia, fueron protegidos por el ejército ruso fuertemente arraigado con más de 40.000 agentes federales. Se establecieron puntos de control de seguridad en todo el lugar con rayos X y detectores de metales, mientras patrullas aéreas rodeaban los cielos y las lanchas patrullaban el mar. ¿Qué pasa con la seguridad cibernética? El tráfico de Internet se analizó a fondo, pero Sochi todavía estaba asediado por hackers que instalaron muchas trampas para turistas ingenuos que solo querían emborracharse y rodar en la nieve. Por ejemplo, después de llegar al aeropuerto, un

---

[2]http://www.eweek.com/security/ibm-s-schneier-it-s-time-to-regulate-IdC-to-improve-cyber-security

[3]https://www.zdnet.com/article/japanese-government-plans-to-hack-into-citizens-IdC-devices/

turista recibe una notificación de que hay acceso gratuito a Wi-Fi siempre que descargue e instale una aplicación especial.

El truco es que la aplicación es en realidad malware y captura contraseñas e información bancaria. Incluso cuando el turista regresa a casa, él o ella a menudo conservarán la aplicación, que continuará filtrando información privada. Incluso si alguien notara algo sospechoso y descubriera que la aplicación lo hizo, ¿imagina llamar a la policía por una aplicación maliciosa? Probablemente le arrestarán y multarán por ser una molestia. De esta manera, los hackers informáticos utilizan una estrategia de bajo riesgo y alta recompensa que explota la pereza de un usuario general de teléfonos inteligentes.

De cualquier manera, los atletas rusos que fueron dopados durante los Juegos Olímpicos de Sochi salieron más tarde ese año, con el cuerpo gobernante prohibiendo a todos los atletas afiliados de Rusia de los Juegos Olímpicos de 2018, que fue cuando alguien, supuestamente un hacker patrocinado por el estado ruso, intentó hackear a los Juegos Olímpicos de Corea del Sur. Apodado como "Destructor Olímpico"[4], esta variedad particular de malware fue perfectamente preparada por alguien que tenía conocimiento interno de los sistemas establecidos. Destructor Olímpico se anidaría en una máquina infectada, robaría contraseñas en un intento de infectar toda la red y luego entregaría un golpe de gracia al borrar por completo toda la información del dispositivo, incluido cualquier rastro de infección. Esto condujo a una interrupción en la ceremonia de apertura y la red Wi-Fi en uso, pero de lo contrario, todo fue sencillo.

Los investigadores de seguridad cibernética afirmaron más tarde que los hackers informáticos rusos crearon el Destructor Olímpico, pero posteriormente otro grupo de investigadores dijo que eran hackers informáticos chinos. Entonces, ¿quién fue? Nadie puede decirlo. Todos los ataques de hackeo dejan rastros de información, pero es

---

[4]https://motherboard.vice.com/en_us/article/d3w7jz/olympic-destroyer-opening-ceremony-hack

imposible saber si los hackers informáticos fueron simplemente descuidados o jugaron mentalmente con los investigadores. Esa es la parte más aterradora de IdC: el hecho de que podría estar sentado en su acogedora casa de Wyoming jugando a "Fortnite" mientras los hackers daneses y estonios intentan interrumpirse mutuamente a través de su red, utilizando sus dispositivos y gastando su poder para extraer criptomonedas o realizar ataques DDoS. A menos que tenga experiencia en seguridad cibernética que pueda igualar a los hackers informáticos, no sería más sabio y pagaría la factura. Al menos California está haciendo algo para detener un desastre de IdC.

En Septiembre de 2018, el gobernador de California, Jerry Brown, firmó SB 327[5], un proyecto de ley de seguridad cibernética destinado a reforzar la seguridad de IdC, que entrará en vigencia en enero de 2020. La ley actual de seguridad cibernética requiere que una empresa de California realice "procedimientos de seguridad razonables" para mantener la privacidad y la seguridad de sus clientes; SB 327 tiene como objetivo ampliarse a "características de seguridad razonables o características que sean apropiadas para la naturaleza y función del dispositivo". ¿Por qué los legisladores tienen tanto miedo de bloquear las tecnologías digitales? La respuesta a ello yace en China.

El gobierno chino tiene una mentalidad bastante interesante: la victoria económica a toda costa. Para coincidir con eso, el gobierno de los Estados Unidos simplemente tiene que derogar los derechos constitucionales de su ciudadanía, al menos cuando se trata de tomar decisiones de libre mercado. Al darles a las compañías nacionales un amplio margen legal y económico, el gobierno de los Estados Unidos las impuso como árbitros de facto del bien y el mal en el país. Es por eso que el colapso crediticio de 2008 en los Estados Unidos resultó en que los contribuyentes rescataron a los bancos que entraron y perdieron catastróficamente; sin un rescate, los chinos

---

[5]https://leginfo.legislature.ca.gov/faces/billTextClient.xhtml?bill_id=201720180S
 B327

habrían entrado, comprado y luego se habría acabado el juego. Entonces, cualquier cosa que realice China, Estados Unidos tiene que hacerlo hasta cierto punto o arriesgarse a quedarse atrás.

Cuando se aplica a IdC, lo que esto significa es que la ciudadanía regular tendrá su privacidad invadida de la misma manera que Facebook y otras compañías similares ya lo hacen para generar valor y seguir siendo competitivas en la economía global. Claro, todavía habrá leyes como la SB 327, pero intencionalmente tendrán brechas para que las compañías estadounidenses puedan competir y se apliquen solo cuando el público en general se enfurezca tanto que necesite un chivo expiatorio. Si desea algo de paz y privacidad, tendrá que hackear su camino para lograrlo.

Capítulo 3 – Hackeo Ético

En el contexto de IdC, ético significa "distinguir entre el bien y el mal" y hackear significa "uso poco ortodoxo de un sistema o herramienta para una ventaja palpable". Sin entrar en filosofía, el bien y el mal se refieren a tener una meta; lo bueno es lo que se acerca a ese objetivo y el mal lo que se aleja de él. Entonces, si su objetivo es tener privacidad, el hackeo ético le ayuda a lograr la privacidad a través del uso poco ortodoxo de sistemas o herramientas. ¿Suena bien?

Un ejemplo de hackeo ético es la sobre aceleración de tarjetas gráficas. En esencia, los fabricantes de tarjetas gráficas para computadoras de escritorio generalmente limitan su fuerza en cualquier lugar entre 80-95% de su potencial total. Al jugar con las tarjetas gráficas, es posible quitar la tapa del reloj interno que están usando (por lo tanto, sobre aceleración) y desbloquear el rendimiento que está oculto para el usuario. Por lo tanto, el hackeo ético le brinda lo que pagó, pero que la compañía no quiere proporcionar por alguna razón.

Tome en cuenta que el gobierno de los Estados Unidos considera hackear un gran no-no, pero los legisladores son principalmente personas mayores que no están en contacto con la tecnología y consideran que Internet es "una serie de tubos". Mientras el hackeo ético que realice no sea una molestia y no cause daño ni perjuicio económico, estará prácticamente fuera de su alcance. Esto también se aplica al cumplimiento de la ley, que generalmente está tan abrumada con el crimen tradicional que no tiene tiempo para lidiar con excéntricos que se entretienen con juguetes en su garaje; de nuevo, a menos que sea una molestia o haga daño. No atraiga ninguna atención indebida hacia usted y siga trabajando en sus personalizaciones de IdC, que es el hackeo ético.

Por el contrario, a todos los hackeos informáticos procesados en los Estados Unidos hasta la fecha se les ha acusado de fraude electrónico. La definición de fraude electrónico es tan increíblemente amplia que incluye tergiversación intencional de hechos para lograr el engaño a través de medios electrónicos de comunicación. Esencialmente, las chicas que publican sus selfies con filtros de cámara y orejas de cachorro están cometiendo fraude electrónico porque tergiversan sus rostros para engañar a los observadores y hacerles creer que son más lindas de lo que son. Por lo tanto, si la policía quiere hacer un ejemplo de usted, puede encontrar muchas maneras de hacerlo.

Las empresas que producen artículos de IdC se encuentran en una situación similar: tienen plazos para cumplir, productos a medio hornear para impulsar y demandas para defenderse. Todo lo que hacen está altamente optimizado para ofrecer los máximos ingresos. No tienen tiempo ni recursos para lidiar con cada hacker informático ético a menos que él o ella lo sean, lo adivinaron, siendo una molestia, haciendo daño o perjuicio económico. Esto le brinda mucho espacio para obtener algunos de esos derechos constitucionales otorgados por Dios sin interferir con las empresas en su alboroto de recaudación de ingresos.

Los detalles exactos del hackeo ético son un poco más complicados. La tecnología IdC avanza tan rápido que es realmente una tarea ingrata escribir cualquier tipo de tutorial sobre él, especialmente uno que esté destinado a resistir el paso del tiempo. Sin embargo, la tecnología generalmente se mejora gradualmente, lo que significa que algunos principios subyacentes probablemente se apliquen a varias generaciones de dispositivos IdC.

El hackeo ético consiste en desarmar las cosas y hacerlas funcionar nuevamente. Por lo tanto, cuando tenga en sus manos un dispositivo IdC que no lamentaría destrozar, desmóntelo en circunstancias controladas y observe cómo funciona. Esto le mostrará cómo las empresas ensamblan sus productos y también cuán mal construidos están, lo que ocurre con las fábricas del tercer mundo, donde los ensamblan apresuradamente por algunos centavos. Por lo tanto, si puede tomarse su tiempo para comprender cualquier dispositivo IdC determinado y mejorarlo, se ha convertido en un hacker ético. Preferiblemente, también desconéctelo de Internet y no permita que se ponga en contacto con su servidor doméstico con un informe de estado, que es lo que suelen hacer todos los dispositivos IdC. Además, tome en cuenta que aproximadamente el 95% de todos los incendios domésticos se inician debido a un cableado eléctrico defectuoso.

IdC también está asociado con Wi-Fi de corto alcance y conexiones de radio. La conectividad y el bajo precio tienen prioridad sobre información como la privacidad y la confiabilidad, así que tenga en cuenta que el IdC no está destinado a ser seguro. IdC es realmente tan inseguro que debería investigar seriamente cómo funcionan las redes Wi-Fi y RFID para averiguar si puede encontrar formas de implementar protocolos de seguridad personalizados en su hogar antes de usar un solo dispositivo IdC. Tenga precaución al experimentar con Wi-Fi y ondas de radio, ya que hacerlo puede involucrarlo en diversos problemas.

Sabemos por informes de noticias que estos asuntos son investigados por la Comisión Federal de Comunicaciones (FCC), que se toma muy en serio su trabajo. En resumen, FCC es como el FBI con diapasones que persiguen a todos los que puedan pensar en involucrarse con las ondas de radio. En Octubre de 2017, Jay Peralta recibió una multa de $400.000 por interferir con los sistemas de radio de la policía de Nueva York al emitir un total de nueve mensajes ilegales sobre las frecuencias de la policía durante 2016. Jay fue acusado de un total de 21 cargos que incluían amenazas terroristas, acoso agravado y declaraciones falsas, concluyendo con una sentencia de prisión de veinte años.

Las herramientas de diagnóstico son fundamentales para convertirse en un hacker ético. Ser capaz de estimar lo que está sucediendo es una habilidad que podría servirle hasta cierto punto, pero saber lo que está sucediendo le otorga un poder mayor porque la información correcta es el secreto para vivir la vida más plena imaginable. Qué herramientas elegir y cómo son, de nuevo, son preguntas ridículamente vagas, pero puede comenzar con pequeños pasos y construir lentamente su colección en función de lo que descubra en el transcurso de unos años.

La pereza es un componente clave en la complacencia del consumidor estadounidense promedio. Las compañías de IdC consideran que los consumidores están demasiado aburridos u ocupados para prestar atención a la letra pequeña o los detalles. Por lo tanto, manténgase alerta y preste atención a lo que está sucediendo. Siempre trate de obtener datos sin procesar e interpretarlos usted mismo en lugar de que un experto lo haga por usted. Si puede seguir aprendiendo y mejorando su habilidad de hackeo ético, superará a estas empresas tecnológicas a grandes pasos, lo que le permitirá estar siempre diez pasos por delante de ellas.

Un hacker vigilante se encargó de probar IdC de la mejor manera posible, **bloqueándolo,** lo que significa que destruye su funcionalidad. El apodo del hacker informático es Janitor, y su malware se denomina BrickBot, con el único propósito de escanear Internet en busca de dispositivos IdC inseguros con nombres de usuario y contraseñas predeterminados para infectar y corromper su firmware, el código esencial incorporado en el dispositivo. Es probable que BrickBot ataque televisores, cámaras, bombillas, inodoros, entre otros, y todos se conviertan en pisapapeles caros.

De acuerdo con Janitor, el 90% de todas las cámaras IdC fabricadas por un determinado fabricante se configuraron con contraseñas predeterminadas, lo que permite a cualquiera corromperlas. Lo que Janitor está haciendo es lamentablemente un delito porque todavía no existen consecuencias legales por tener un dispositivo IdC inseguro, pero sí por la destrucción total de propiedad. Entonces, ¿qué sucede cuando los fabricantes de IdC comienzan a fabricar implantes médicos o para llevar consigo con una seguridad de mala calidad similar y las personas comiencen a morir debido a tal falta de atención?

¿Qué sucedería si los dispositivos IdC tuvieran la obligación legal de contar con advertencias de seguridad, tales como "este dispositivo puede provocar un hackeo de una red"? En California, todos los productos vendidos ya contienen una etiqueta de advertencia, pero la vaga Propuesta 65 no obligó a las empresas a indicarles a los consumidores qué es exactamente peligroso, dónde se encuentra en el producto, por qué está ahí o cuáles son los riesgos reales. Sin ninguna de esa información, ¿cómo puede ser de utilidad la etiqueta de advertencia?

Dado que los edificios también deben mostrar estas mismas advertencias, los ciudadanos comenzaron a buscar recompensas y demandar a aquellas compañías que no tenían suficientes señalamientos de advertencia, por lo que las compañías y las personas las colocaron en todas partes. Nadie puede decir cuántos señalamientos de advertencia son suficientes para indicar que la empresa esté protegida por la ley. Por lo tanto, con cada producto y área que obtiene una leyenda de "este componente puede conducir a discapacidades congénitas / cáncer", los clientes simplemente los dejan en blanco y hacen sus negocios de cualquier manera porque tenemos que seguir viviendo sin importar lo que pase.

Esta sobresaturación con advertencia al punto de indiferencia es un problema observado con los usuarios de Internet, llamado "ceguera de pancarta" y se explica fácilmente como un retiro de la atención. Todos tenemos una cantidad limitada de atención a nuestra disposición. Cuando algo nos resulta aburrido, significa que hemos determinado que no merece nuestra atención y queremos hacer otra cosa. Con la ceguera de pancarta, la advertencia o la información que se muestra es completamente inútil hasta el punto de que las personas bloquean activamente cualquier cosa que parezca una pancarta. Si está navegando por Internet desde una ubicación de la UE, probablemente ya esté haciendo algo similar cuando descarte el banner de advertencia de cookies; no existe información útil en el banner de advertencia – por lo que simplemente debe ignorarlo.

Una sugerencia humorística para las etiquetas de advertencia presenta advertencias "científicamente responsables"[6], como "este producto consta de 99.9999999999% de espacio vacío" y "algunas teorías de física cuántica sugieren que cuando el consumidor no está observando directamente este producto, puede dejar de existir o existirá solo en un estado vago e indeterminado". Aunque científicamente correctas, estas advertencias probablemente asustarían a las personas lo suficientemente curiosas como para leerlas, pero no lo suficientemente curiosas como para investigarlas. Este es el núcleo de todo el drama de las etiquetas de advertencia – no podemos hacer que los consumidores se preocupen por lo que están usando hasta que sea demasiado tarde.

Lo que debemos hacer es educarnos lo mejor que podamos e intentar hacer un poco de conciencia para el mundo. Quizás esto puede tomar la forma de tutorizar a las personas sobre los peligros de IdC, escribir publicaciones en un blog o simplemente hablar con las personas cercanas sobre el tema cuando surja la oportunidad. Los principales medios de comunicación nunca considerarán hablar sobre IdC a menos que exista un contexto escandaloso para ello – a.k.a., si sangra, vende. Al menos, se debe alentar a los niños a jugar con IdC y mejorarlo siempre que sea posible, lo que les enseñaría hackeo ético desde su infancia y también les brindaría habilidades prácticas de ingeniería.

---

[6]https://stuff.mit.edu/people/dpolicar/writing/netsam/warning_labels.html

Aunque muchas personas anarquistas involucradas con IdC se burlan de la perspectiva de la regulación gubernamental, la cuestión es que los incentivos de mercado con IdC son caóticos, y no existe una forma clara para que las fuerzas del mercado se equilibren entre sí dentro del marco actual de derechos de autor y patentes. ¿Por qué debería importarle al productor de un dispositivo IdC barato y generalizado si está involucrado en un ataque DDoS? ¿Debería importarle al consumidor? ¿Qué sucede con los pasivos de una empresa una vez que se disuelve? ¿Qué puede impedir que una persona determinada cree una empresa, produzca millones de dispositivos IdC, obtenga beneficios, cierre el negocio y desaparezca cuando los clientes comienzan a solicitar actualizaciones de seguridad?

Lo que los gobiernos pueden hacer es establecer límites sencillos a los derechos de autor y las patentes en los casos en que el fabricante de un dispositivo deje de actualizarlo o mantenerlo, tal vez incluso exigir que el código fuente esté disponible gratuitamente en caso de que la compañía se disuelva. De esta forma, el público en general estaría protegido legalmente si probara dispositivos de ingeniería inversa y ofreciera abiertamente soluciones al problema de seguridad cibernética IdC. En este momento, no existe voluntad política para pensar en el futuro; las elecciones democráticas conducen a una rotación constante de funcionarios electos, que no tienen incentivos para ofrecer soluciones a largo plazo, cuyos resultados sus oponentes políticos pueden reclamar como propios. Es estúpido, tonto y egocéntrico, pero es así como funciona y, a menos que mejoremos nuestro proceso político y nuestra mentalidad, estaremos atrapados bajo una montaña de dispositivos IdC inseguros que no son responsabilidad de nadie.

En una ocasión, un fabricante de abrepuertas para garaje IdC en realidad se vengó de un cliente descontento[7]. El 1 de abril de 2017,

---

[7]https://arstechnica.com/information-technology/2017/04/IdC-garage-door-opener-maker-bricks-customers-product-after-bad-review/

Martin dejó un comentario virulento en el foro de la comunidad relacionado con Garadget, maldiciendo la aplicación para iPhone. Su comentario no recibió respuestas. Poco después, la página de Amazon de Garadget recibió una crítica negativa de Martin, lo que llevó al desarrollador de Garadget a bloquear su dispositivo de los servicios en la nube que necesitaba para operar. Como es habitual en tales casos, otros usuarios de Amazon tomaron rencillas e irrumpieron en la página de Garadget en Amazon para mostrar solidaridad con Martin, bombardeando el producto.

El análisis de las circunstancias mostró que el fabricante estaba desarrollando principalmente aplicaciones y decidió cambiar a IdC para impulsar su aplicación más que cualquier otra cosa. Como tal, no había soporte técnico para los usuarios, que tenían que depender de foros de la comunidad o simplemente experimentar con el dispositivo para que funcionara. El dispositivo en sí dependía de los servidores en la nube para realizar su función, lo que significaba que llamaba constantemente a casa. Esta también era una vulnerabilidad crucial en el diseño, ya que el desarrollador podía cortar a cualquier usuario por cualquier razón de los servidores. Afortunadamente, Martin compró a Garadget en Amazon y podría solicitar un reembolso, pero ¿qué hubiera pasado si lo hubiera comprado directamente al desarrollador?

Los dispositivos IdC requerirán una expansión considerable de la infraestructura, lo que significa servidores para procesar los datos y obtener una conclusión. Esto significará una expansión del espacio de direcciones de Internet existente para adaptar el creciente número de dispositivos. En este momento, Internet está en IPv4, que utiliza numeración de 32 bits y proporciona 4,294,967,296 (2³²) direcciones. La actualización propuesta que está destinada a proporcionar direcciones más que suficientes es IPv6, que utiliza la numeración de 128 bits para proporcionar 340,282,366,920,938,463,463,374,607,431,768,211,456 (2¹²⁸) direcciones IP. El número se lee como 340 undecillones en los Estados Unidos (340 sextillones en el resto del mundo). Ahora tenemos un par de palabras divertidas para comenzar el día. Pero, ¿quién en su sano juicio necesitaría tantas direcciones IP?

Capítulo 4 – Internet de las Cosas

En Estados Unidos, el gasto de IdC es impulsado principalmente por agencias gubernamentales, en particular, el Departamento de Seguridad Nacional y la NASA, que están trabajando en sensores en municiones y proyectos relacionados. Un informe de Govini[8], una compañía centrada en proporcionar a las agencias federales en Estados Unidos los datos agregados necesarios para establecer políticas a largo plazo, muestra que el gasto federal solo para sensores IdC casi se ha triplicado entre 2011-2015, pasando de $578MM a $ 1.6bn.

Las aplicaciones militares involucran sensores en dirigibles para vigilar las líneas de suministro y en globos atados para detectar amenazas entrantes. Estos sistemas ya se probaron en Irak y Afganistán, con la idea de que eventualmente se adaptarán para uso doméstico y civil, como para proteger la frontera entre Estados Unidos y México contra los inmigrantes ilegales. La NASA está trabajando con las universidades para llevar los sensores IdC a áreas como la atención médica, con productos como dispositivos médicos que prueban automáticamente el nivel de azúcar en la sangre de las personas con diabetes sin extraer sangre.

---

[8]https://fcw.com/articles/2016/05/27/govini-IdC-report.aspx

La Administración de Servicios Generales (GSA) es un organismo gubernamental independiente de Estados Unidos. Asignado a la tarea de administrar la operación de las agencias federales a un nivel fundamental. GSA gestiona unos 10.000 edificios gubernamentales en todo el país y en 2013 decidió probar una iniciativa IdC llamada GSALink en 81 de ellos[9]. Se incorporaron 13.000 sensores en las propiedades de prueba, generando 27 millones de puntos de datos cada día. Los empleados cooperan con GSALink registrando digitalmente su espacio de trabajo y trabajando donde a su conveniencia, con luces y aire acondicionado administrados automáticamente a medida que las personas se mueven por el edificio. Por ejemplo, si se programa una reunión en una determinada sala de conferencias, GSALink encenderá automáticamente el aire acondicionado unas horas antes y lo apagará cuando termine la reunión. Si a un empleado no le agrada la temperatura del aire, puede solicitar a GSALink que la cambie, momento en el cual el sistema consultará a los empleados cercanos y obtendrá un promedio de sus votos antes de cambiarlo.

Si bien GSALink brinda esperanzas de que el gobierno federal finalmente haga algo mejor que el sector civil, existe un peligro inminente por la adopción demasiado amplia de IdC antes de que se adopten directrices claras. Un informe del 2017[10] emitido por la Oficina de Responsabilidad del Gobierno de Estados Unidos, enumera las posibles formas en que un dispositivo IdC podría verse comprometido. El sabotaje de la cadena de suministro vendría a través del fabricante del dispositivo o su software incorporando una característica maliciosa que haría vulnerable al dispositivo. En el mejor de los casos, el dispositivo recopilará datos pasivamente; en el peor de los casos, se usará para hackear redes.

---

[9]https://www.fedscoop.com/mobile-gsalink

[10]https://www.gao.gov/assets/690/686203.pdf

El cifrado y la transmisión limitados de datos visibles es otro problema, ya que un hacker informático no necesitaría ningún acceso al dispositivo IdC, sino simplemente una posición en algún lugar de la red intermediaria para recabar los datos. Los dispositivos IdC generalmente no usan encriptación para ahorrar costos y tiempo de comercialización. Las características de hardware mal implementadas que conducen a poca o ninguna seguridad cibernética serían otra debilidad de IdC. Una vez más, los dispositivos IdC no están destinados a resistir ataques de hackeo o cualquier tipo de comportamiento adversario.

Las contraseñas predeterminadas deficientes pueden conducir a infracciones de seguridad a gran escala, mientras que la falta de actualización o potencial de reparación podría causar una situación en la que una red IdC no es reparable en absoluto. Los dispositivos sin reparaciones seguirán funcionando a pesar de estar desactualizados, al igual que las computadoras normales, lo que será una fuente de tentación solo para ignorar cualquier vulnerabilidad. Los usuarios descuidados pueden instalar aplicaciones no autorizadas en dispositivos IdC, reuniendo datos clasificados o privados en beneficio de las empresas comerciales. Una vez que los datos salen de la contención, generalmente no hay forma de saber quién más los obtuvo y qué se hizo con ellos.

Los dispositivos portátiles IdC pueden rastrear la ubicación geográfica del personal e informar su ubicación para crear un esquema detallado de rutas de patrullaje o instalaciones clasificadas. Esto ya sucedió con la aplicación de teléfono inteligente de Strava destinada a corredores y ciclistas para medir su progreso que, sin darse cuenta, mostró ubicaciones de instalaciones[11] en la Antártida[12] y otras ubicaciones remotas.

---

[11]https://www.strava.com/heatmap#11.50/-82.80919/-79.76416/hot/all

[12]https://www.strava.com/heatmap#13.52/11.62016/-70.82436/hot/all

El Departamento de Defensa de Estados Unidos ya ha reclamado una porción de todo el espacio de nombres IPv6, es decir, 42 decillones o aproximadamente el 0.01% de todas las direcciones IPv6. Una razón para esto podría ser la seguridad a través de la oscuridad – la idea es que todos los servidores de las agencias gubernamentales pueden esconderse en el proverbial pajar del tamaño del Sistema Solar. En este momento, es bastante fácil para cualquier atacante remoto escanear a través de direcciones IPv4 para encontrar puntos de entrada y seguir intentándolo hasta lograrlo, teniendo el defensor que invertir recursos para proteger sus sistemas contra intrusiones activamente.

Los ataques de hackeo son precisamente peligrosos porque no es práctico defenderse de ellos; a medida que se incorporan nuevas funciones y hardware a la infraestructura subyacente, la posibilidad de interacciones no intencionadas que causan un error aumenta dramáticamente. En algún momento, llega la hora de un cambio de paradigma, que, en este caso, sería cambiar a IPv6. Aun así, los hackers informáticos obtendrán algunas herramientas propias en forma de computadoras cuánticas.

La tecnología digital que usamos actualmente gira en torno al magnetismo y las partículas de carga magnética que representan 0s y 1s en discos duros para almacenar datos. Con el paso de los años, mejoramos cada vez más el almacenamiento de pequeñas partículas en discos duros, lo que significa que ahora tenemos almacenamiento de varios terabytes en un dispositivo del tamaño de una tostada. Sin embargo, existen algunos problemas con este enfoque. El hardware que tenemos no se puede escalar correctamente, lo que significa que existe un límite flexible en cuanto a la cantidad de computadoras que podemos apilar una encima de la otra y esperar que siga resolviendo problemas cada vez más grandes, como ser capaz de modelar la atmósfera de la Tierra con precisión.

Otro problema es el límite estricto de cuán pequeña puede ser una partícula de carga magnética antes de que se disipe al azar, lo que significa que los datos se pierden repentinamente, momento en el cual el disco duro ya no es un dispositivo confiable. Este límite representa una fuerte barrera contra la miniaturización adicional. Antes de hacer preguntas que no podemos responder, o de fabricar dispositivos que fallan al azar en un intento desesperado de responderlas, debemos comenzar a pensar en un reemplazo para el magnetismo en la informática, que son bits de datos atómicos conocidos como "quants" o "qubits".

El mundo cuántico es realmente extraño. Es la base de nuestro mundo normal lleno de sillas, botellas y candelabros, pero las reglas esperadas de causa y efecto que se aplican a ellos no se aplican allí. Por ejemplo, en el mundo cuántico, existe una regla conocida como "entrelazamiento" que establece que dos partículas pueden unirse por alguna razón y luego afectarse instantáneamente entre sí a distancias arbitrariamente largas. Entonces, sacudir una lámpara de cristal cuántica en Tokio puede romper instantáneamente una silla cuántica en Austin, Texas, y llenar una botella de agua cuántica en la Antártida. Existe muy poca lógica sobre cómo interactúan los quants, pero los científicos están desesperados por cualquier tipo de cambio de paradigma que los ayude a responder preguntas importantes sobre la naturaleza del mundo. ¿Qué podría salir mal?

Las computadoras cuánticas son, por ahora, solo minutos de experimentos utilizados para atraer al público y dejar que los científicos teoricen sin cesar, como a través de Q Experience de IBM. Cuando logremos que las computadoras cuánticas funcionen, en teoría, encajarán en la punta de un alfiler y podrán descifrar cualquier criptografía y buscar en todo el espacio de nombres IPv6 en un tiempo razonable. Con tal poder de cómputo inconcebible, los programadores finalmente podrían crear una IA real, un cerebro de máquina pensante que podría adaptarse al espacio de un cráneo humano. Sus capacidades teóricas están envueltas en misterio, pero posiblemente estaría al menos a la par con sus creadores, si no varios grados de magnitud más inteligentes. Hasta entonces, nos queda utilizar la poca potencia informática que podemos incluir en pequeños dispositivos IdC para producir cosas como:

Un inodoro inteligente con iluminación ambiental y altavoces para una inmersión total

Las noticias sobre el inodoro inteligente de Kohler sobresalieron en el Consumer Electronics Show (CES) anual de 2019 en Las Vegas, Nevada. Producido por una respetable compañía de plomería, Numi 2.0[13] es un inodoro inteligente que puede configurar la iluminación ambiental y responder a los comandos de voz usando Alexa para una experiencia única en el inodoro con manos libres digna de un rey. También posee un complemento adicional para calentar los asientos, pero el truco principal es que Numi trabaje junto con espejos inteligentes, una bañera inteligente y una ducha inteligente, todo producido por Kohler, para que pueda mantenerse limpio sin dejar de lado su teléfono. El precio de Numi 2.0 es de $7.000 ($9.000 para la versión en color negro intenso).

Una caña de pescar inteligente para recopilar estadísticas sobre determinada área

Entre las compañías que buscaban atención en el CES 2019 estaba Cyber Fishing[14], que presentaba su caña de pescar inteligente a la audiencia. Bueno, ¿qué tiene de malo una caña de pescar normal? No puede registrar estadísticas o ubicaciones de las mejores capturas, lo que obliga al desventurado pescador a anotar los mejores lugares o, Dios no lo quiera, memorizarlos. El sensor inteligente se encuentra en el núcleo de la caña de pescar inteligente, capturando automáticamente todos los datos relevantes y permitiendo al usuario compartirlo fácilmente en línea con otros para la pesca colectiva de lugares de pesca. La desventaja es – que no existe forma de entretener a los chicos con cuentos de pesca exagerados.

---

[13]https://www.theverge.com/2019/1/6/18170575/kohler-konnect-bathroom-smart-gadgets-numi-intelligent-toilet-ces-2019

[14]https://cyberfishing.com/

Un purificador de aire inteligente que se mueve por la casa

Finalmente, puede respirar libremente a través de Atmobot[15], un purificador de aire autónomo Ecovacs denominado en CES 2019 con aspecto de un bote de basura. Se mueve de una habitación a otra para purificar el aire y aspirar la alfombra, con un conjunto opcional de sensores de accesorios que se venden por separado para ayudar a Atmobot a detectar cuando el aire se vuelve de mala calidad para moverse de manera automática. Deebot es la hermana menor de Atmobot que simplemente limpia el piso con soporte incorporado para controles de voz y una esponja de trapeador desmontable. La versión anterior de Deebot tenía un precio de AU $999 y tendía a atascarse en alfombras y cables[16].

Un grifo de agua inteligente con iluminación LED

En la era de IdC, ni siquiera puede beber un vaso de agua sin una aplicación de teléfono inteligente. Tern Water[17] ofrece un "grifo de agua inteligente" que se une con la aplicación para advertir al propietario cuando el filtro está a punto de caducar o que existen contaminantes en las tuberías. El kit completo cuesta $250, pero el truco es que existe un servicio de suscripción mensual por cualquier motivo. El grifo tiene un excelente indicador LED, pero también contiene una batería que puede durar hasta un año.

Velas perfumadas inteligentes con aroma a dinero prendido en fuego

---

[15]https://www.pcworld.idg.com.au/article/656208/ces-2019-ecovacs-unveil-air-purifier-atmobot-upgraded-deebot/

[16]https://www.pcworld.idg.com.au/review/ecovacs/deebot-900-ozmo/646302/

[17]https://www.ternwater.com/

Moodo[18] es una caja del tamaño de su palma que se adapta a cuatro cápsulas de fragancia que duran 60 horas. Por supuesto, está conectado a una aplicación de teléfono inteligente que le permite al propietario ajustar la combinación de aromas de acuerdo con el medidor de estado de ánimo de la aplicación o la liberación de aroma programada justo cuando está a punto de llegar a casa. También puede ajustar Moodo al otro lado del mundo, ¿por qué no? ¿Cuál es el truco? Moodo cuesta alrededor de $160, y cada cápsula cuesta otros $35. MoodoGo es la versión portátil para el automóvil que se adapta en el puerto más sencillo.

Granjas Inteligentes

En lo que sin duda es una noticia al alza, los agricultores australianos han estado tratando de incorporar IdC en su trabajo y digitalizar todo, desde las vacas hasta las cercas[19]. La conectividad poco fiable y las cuotas de datos torpedearon estos ambiciosos planes, y uno de estos agricultores mencionó: "No podemos aplicar [IdC] en el 90% de las situaciones". Carwool Pastoral, un conglomerado de compañías de pastoreo que se extendió por más de 6.000 hectáreas, desplegó más de 200 dispositivos IdC y descubrió que solo unos pocos, como alarmas de humo, etiquetas de ganado, monitores de nivel de silos y monitores de condición de cobertizo, tenían un uso apreciable. Incluso cuando los dispositivos funcionaban, el desierto estaba tan mal cubierto con la recepción de Internet que los agricultores no podían confiar en ningún dispositivo IdC que requiriera el funcionamiento de Internet. Para empeorar las cosas, cada dispositivo IdC venía con una aplicación separada, y los desarrolladores de aplicaciones no tenían la intención de cooperar o combinar sus datos en una sola secuencia para facilitar la vida de los agricultores; imagínese haciendo malabares con 55 aplicaciones para controlar su granja.

---

[18]https://moodo.co/what-is-moodo/

[19]https://www.itnews.com.au/news/australian-farmers-are-battling-to-make-IdC-work-516204

Aspersores inteligentes que se pueden encender y apagar desde el otro lado del mundo

Denominado Sprinkl[20], este conjunto de módulos de rociadores IdC elimina cualquier necesidad de supervisión humana, pero ¿a qué precio? Con una interfaz controlada por Alexa y un precio de $225, el Control SR-400 representa el centro de rociadores que requiere una conexión Wi-Fi para funcionar, con el único defecto que tiene para controlar dieciséis zonas o más. Sprinkl requiere sensores inteligentes Sense SR-100, uno por zona y cada uno cuesta $45. Otro módulo Sprinkl es Conserve SR-301, con un precio de $79, que agrega control desde teléfonos inteligentes a los rociadores, comercializado como "apague los rociadores desde su teléfono en cualquier parte del mundo". El costo total de los tres módulos es de al menos $1.024. Entonces, ¿existe algún beneficio real de tener la posibilidad de encender y apagar sus rociadores en todo el mundo?

Un bloque de madera inteligente

Pensaba que era una broma, ¿verdad? Es casi zen con el toque artístico que desafía las creencias, solo un bloque de madera e internet. Ahora presentamos a Mui, un centro de hogar inteligente que ha sido descrito como "un dispositivo elegante" y está destinado a imitar el aspecto amaderado de los muebles. Es esencialmente una tabla estrecha con componentes electrónicos incrustados en el interior que está colgada en la pared y muestra información esencial, como la temperatura del termostato. Existe un panel de visualización en Mui, pero el material es madera real que proviene del bosque japonés Hida. Mui ya obtuvo $115.000 de los $100.000 requeridos en Kickstarter[21] y debería entregarse en algún momento a principios

---

[20]https://sprinkl.com/

[21]https://www.kickstarter.com/projects/1391686171/mui-interactive-wood-panel-for-peaceful-digital-li

de 2019, con un precio de $549 para patrocinadores y $999 en venta minorista.

Un candado inteligente

Apodado "el peor candado del mundo" y descrito por la firma de seguridad Sophos[22] como "es PEOR incluso de lo que pensábamos", Tapplock es un producto de una compañía canadiense de IdC que decidió crear su propio esquema de protección criptográfica. Con un candado habilitado para Bluetooth y un escáner de huellas digitales, Tapplock tiene un pésimo defecto: conocer la dirección de red del candado es suficiente para romper su protección criptográfica. Dado que las direcciones de red están destinadas a ser difundidas públicamente, el resultado fue que cualquiera que quisiera echar un vistazo podría descifrar fácilmente a Tapplock, lo que hizo otra empresa de seguridad al hacer un programa que realizó el hackeo en dos segundos. Con un precio de $99, Tapplock resultó ser completamente hackeable incluso de forma remota, sin ningún acceso físico al dispositivo, pero también reveló útilmente la ubicación del candado para que el hacker informático pudiera entrar directamente y recoger los objetos de valor que estaba destinado a proteger. Estas vulnerabilidades han sido reparadas.

Una copa menstrual inteligente

Pequeños, desechables y totalmente hackeables, los dispositivos IdC se han mostrado inseguros una y otra vez. Entonces, ¿por qué no poner uno dentro de su propio cuerpo? Looncup está literalmente a la vanguardia del desarrollo de IdC, ya que es una copa menstrual inteligente que se conecta a una aplicación de teléfono usando Bluetooth para mostrar información, como lo llena que pueda estar la copa. Posee una batería no reemplazable y no recargable incorporada en la silicona de Looncup[23], lo que significa que puede

---

[22]https://nakedsecurity.sophos.com/2018/06/18/the-worlds-worst-smart-padlock-its-even-worse-than-we-thought/

[23]https://www.looncup.com/

durar un par de meses, después de lo cual servirá como una copa menstrual normal. Las funciones adicionales incluyen escanear el color de la sangre en busca de problemas de salud y rastrear el ciclo menstrual. Al igual que muchos otros proyectos de IdC de bajo perfil, Looncup comenzó en Kickstarter.

Los emprendedores están aprovechando la exageración de IdC simplemente haciendo lo que parecía una idea genial, pero ¿qué pasa con los gobiernos del tercer mundo? Tiene un aspecto interesante de IdC, ya que puede ayudar a los funcionarios de la ciudad a gestionar los asuntos. Entonces, ¿qué pasa si construimos ciudades con IdC en mente?

Ciudades Inteligentes

En un entorno del primer mundo, los dispositivos IdC representan un lujo, como los timbres inteligentes y los inodoros, pero en los países del tercer mundo, los sistemas de ciudades inteligentes hechos con dispositivos IdC podrían convertirse en una parte fundamental de la infraestructura. Mumbai es una de las muchas metrópolis de la India, que alberga a 20 millones de residentes que quieren viajar en uno de los 3 millones de automóviles o rickshaws de la ciudad hacia y desde el trabajo. Cuando llega la temporada del monzón, que generalmente dura de junio a agosto, Mumbai experimenta un colapso total del tráfico.

Con la ayuda de dispositivos IdC, como los sensores de tráfico, el gobierno local puede redirigir el tráfico a las carreteras menos utilizadas y al menos tratar de mitigar los atascos. También se pueden abordar otros problemas, como la gestión de las aguas residuales con IdC para analizar las principales tendencias de la población. Mumbai, no San Francisco o Nueva York, está en camino de convertirse en la primera ciudad inteligente impulsada por métricas recopiladas a través de IdC. Con el crecimiento de la población y el colapso gradual de los gobiernos locales, especialmente en lo que respecta al tráfico, podríamos observar una dependencia cada vez mayor de IdC para recopilar datos y redes neuronales o IA para tomar decisiones relevantes. En pocas palabras: los humanos no pueden gobernarse a sí mismos en ciudades tan grandes.

Tener sensores IdC en los contenedores de basura puede decirles a los trabajadores de saneamiento cuándo deben salir a patrullar y qué ruta es la más eficiente en lugar de que tengan un horario fijo que podría no repercutir con, por ejemplo, personas que arrojan más basura durante las vacaciones. De esta manera, los desechos fluyen hacia los vertederos y las plantas de reciclaje de manera constante y más controlada.

Los termostatos IdC podrían reducir automáticamente la calefacción en aquellas áreas donde nadie pasa tiempo, y las bombillas IdC podrían atenuarse y brillar automáticamente a medida que las personas caminan por las habitaciones para ahorrar energía. Los semáforos IdC podrían ajustarse a las condiciones del tráfico y los sensores IdC en los lugares de estacionamiento podrían interactuar con mapas digitales, como Google Maps, para proporcionar información útil sobre los lugares de estacionamiento cercanos. Los sensores IdC incrustados en el asfalto pueden reportar desgaste antes de que se formen baches.

El principal problema con esta visión utópica de una ciudad inteligente que se ejecuta por sí misma es la falta de estándares entre los fabricantes y programadores de IdC. Todos hacen las cosas a su manera, y es como si las aplicaciones se hicieran intencionalmente para entrar en conflicto entre sí. La falta de estándares es un problema común cuando se trata de software, ya que cada desarrollador se niega obstinadamente a adaptarse o cooperar con su competencia. A medida que las compañías de software cobran importancia y disminuyen, el mercado de consumo está plagado de formatos y diseños patentados que se vuelven inútiles después de que finaliza el soporte oficial.

Nos llevó décadas de angustiada lucha entre los desarrolladores de software llegar a tener formatos PDF y MP3 que sean universalmente reconocidos en todos los dispositivos móviles y de escritorio; los formatos de archivos intermedios se utilizaron durante un tiempo y se olvidaron rápidamente. Aplicado a IdC, esto significa que probablemente podamos esperar una explosión en la experimentación con respecto a los diseños y formatos hasta que todo el mundo se establezca en un par de estándares sólidos después de unas pocas décadas. Por supuesto, los primeros usuarios se verán afectados, pero las perspectivas de una ciudad inteligente son muy atractivas.

Idealmente, una IA global podría controlar finamente el medio ambiente en toda la ciudad, reduciendo las pérdidas pasivas comunes a todos los sistemas de distribución de energía y calefacción. Una flota de drones podría enviarse automáticamente para limpiar y lavar después de un festival o fiesta pública. Al analizar los patrones de comportamiento, la IA podría saber quién está a punto de enfermar y cuál es el tratamiento efectivo *antes* de que la persona sienta los primeros síntomas. Los dispositivos IdC en nuestros hogares actuarían como alarmas y avisos – ¿alguna vez tuvo ese miedo abrumador de que se dejó la estufa encendida? IdC podría conectarse a sensores de calor en dispositivos que harían sonar su teléfono inteligente si realmente lo hiciera.

Ese es el futuro ideal, pero lo que estamos observando es principalmente un conjunto caótico de dispositivos excepcionales en diseño, pero apenas funcionales porque se niegan a trabajar juntos. Si Samsung elimina los desechos, Google calienta y Apple suministra energía, los tres podrían sabotearse intencionalmente, pero si Samsung hace *los tres* en una ciudad, ahora estamos obteniendo la coherencia que los dispositivos IdC necesitan para funcionar como parte de una red más amplia.

¿Cuáles son las implicaciones para el proceso democrático en una de esas ciudades donde una empresa esencialmente posee una idea de todos los patrones de consumo y comportamiento de la población? ¿Puede criticar a Samsung en Samsungville? ¿Cuán fiables son los funcionarios electos que se inclinan ante los gigantes tecnológicos?

¿Podemos incluso escapar de la influencia de los gigantes tecnológicos?

Capítulo 5 – Bajo el Cómodo Pie de los Gigantes Tecnológicos

Aquellos que intentaron eliminar a los gigantes tecnológicos de su vida personal y laboral experimentaron una rápida y humillante derrota. En enero de 2019, el periodista de Gizmodo intentó eliminar a cinco gigantes tecnológicos durante una semana cada uno, con la tercera semana dedicada a Google[24]. Después de configurar filtros VPN que bloqueaban las direcciones IP de Google para sus dispositivos, la periodista no podía hacer ningún trabajo y ni siquiera podía usar Uber o Lyft, ya que activaban Google Maps para funcionar correctamente. Spotify aloja su contenido en la nube de Google, por lo que tampoco hay música; AirBnB también descarga sus fotos allí, por lo que no se cargaron. Las fuentes, los análisis y solo fragmentos de código aleatorios están alojados de forma útil por Google, lo que significa que los sitios web que utilizó estaban actuando de muchas formas inusuales. En resumen, su experiencia de navegación fue como estar de vuelta a principios de los 90: lenta, desordenada y apenas utilizable.

---

[24]https://gizmodo.com/i-cut-google-out-of-my-life-it-screwed-up-everything-1830565500

Eventualmente, todos podríamos estar viviendo bajo un cómodo pie de gigantes tecnológicos hasta el punto de que tratar de salir será demasiado incómodo. Poco a poco, quiénes somos y qué hacemos está siendo anclado hasta el punto de que no podemos guardar ningún secreto, cambiando nuestra vida a la nube donde las compañías tecnológicas tienen el control supremo de nuestras actividades. Las reglas de conducta arcanas y los términos de servicio vagos ya dominan en las plataformas de redes sociales, donde las cuentas pueden suspenderse por contenido satírico que otros comparten libremente. En algunos casos, las empresas tecnológicas pueden incluso decidir aplicar reglas de conducta *fuera de su plataforma*.

A finales de 2018, la plataforma de financiación colectiva Patreon decidió inhabilitar a un usuario[25], Carl Benjamin, por los comentarios que hizo en YouTube, a pesar de que los términos de servicio de Patreon nunca mencionan o implican esa opción. Aparentemente, esto abriría a Patreon a demandas por incumplimiento de contrato, que es lo que los términos de servicio representan legalmente, pero hasta ahora ninguno de ellos se ha materializado. En cambio, los usuarios votaron y abandonaron el sitio web en busca de mejores opciones solo para encontrar que, bueno, no hay ninguna. Entonces, Patreon es un sitio web de minnow dedicado a un público especializado. ¿Qué hace uno si Google decide hacer cumplir sus términos de servicio para un comentario fuera de lugar hecho en la vida real y una plataforma completa para un individuo? En realidad, es imposible sancionar a Google de manera significativa sin destruir Internet tal como lo conocemos.

Simplemente no existen derechos plasmados para los usuarios en línea como los hay en el mundo real a través de cartas constitucionales, sin embargo, necesitamos que se formulen. De la

---

[25]https://www.businessinsider.com/patreon-crowdfunding-platform-defends-itself-amid-boycott-2018-12

misma forma en que nuestras sociedades pasaron por tiempos tumultuosos donde los tiranos caprichosos arremetieron contra la ciudadanía antes de evolucionar hacia culturas democráticas que respeten la dignidad humana, necesitamos que nuestro mundo en línea evolucione *antes* de que IdC se convierta en un elemento básico. Necesitábamos tenerlos *ayer,* o el progreso tecnológico se convertirá en una salida más para que los tiranos caprichosos alimenten su ego. El poder realmente se corrompe, y cuando los gigantes tecnológicos ejercen tanto poder que pueden deshacer a una persona de Internet, pierden de vista la realidad.

Google, Amazon y otros gigantes tecnológicos se convierten así en gorilas de 500 libras que se sientan en nuestra casa y ocasionalmente ayudan a levantar cosas pesadas – solo conserve la cabeza baja y no los mire a los ojos o le echarán. Cuando otros gorilas más pequeños observan que no estamos peleando, ellos también se mudarán, y nuestra casa se convertirá en un circo en lugar de un lugar de descanso sagrado. No parece haber ningún retroceso en esta intrusión, y los medios no están interesados en los titulares que implican un debate reflexivo sobre un tema tan abstracto; los medios de hoy se tratan de clickbait, es decir, títulos que atraen clics y copias automáticas en los kioscos.

La mejor protección que podemos emplear es fragmentar nuestra personalidad en línea tanto como sea posible, lo que significa que debemos separar todas nuestras cuentas para que inhabilitar cualquiera de ellas no colapse nuestra identidad digital completa. Entonces, podría ser "Karl" en YouTube, Karl123 en Yahoo, Karl234 en Amazon, etc. Cuanto más se separe entre sus cuentas en línea, más se protegerá de la tiranía de las compañías tecnológicas. Sí, esto significa recordar una docena de contraseñas muy seguras e iniciar sesión y cerrar cuentas constantemente, pero ese es el precio de la libertad de expresión y pensamiento. Si es posible, intente tener un dispositivo dedicado para cada servicio: un teléfono inteligente solo para YouTube, una computadora portátil solo para Yahoo, una tableta solo para Amazon, etc.

El argumento trillado de "simplemente no use el sitio web si no le agrada" funciona porque el individuo todavía puede ir al mundo real y hacer otra cosa. ¿Qué sucede cuando IdC conecta todo a Internet y no hay escapatoria a la denegación de servicio? Bien, entonces haremos una alternativa a Google – haremos una empresa que valore la libertad de expresión y cumpla con los términos de servicio. Cualquier competidor de Google puede ser bloqueado de los servicios de Google, lo que incluiría marcar el sitio web de esa persona como malicioso, eliminar su aplicación de Google Play, eliminar los resultados de búsqueda relacionados de la Búsqueda de Google y negarle el acceso al almacenamiento de Google Cloud. Es efectivamente como si fuera una persona y se borrara por completo de la existencia en la era digital.

Cuando los gigantes tecnológicos se vuelven locos uno contra el otro es cuando sacamos unas palomitas de maíz y disfrutamos de la masacre. El 29 de enero de 2019 es cuando Apple descubrió que Facebook estaba abusando de sus privilegios empresariales y bloqueó el funcionamiento de todas las aplicaciones de Facebook fuera de la nube de Apple durante dos días[26]. Los empleados de Facebook experimentaron el mismo efecto que el periodista de Gizmodo – ni siquiera podían revisar sus calendarios o programar un almuerzo porque toda su infraestructura estaba alojada en la nube de Apple.

Lo que sucedió fue que Facebook alistó a adolescentes, de hasta trece años, a través de anuncios y les pidió que instalaran una **VPN**, una red privada virtual que filtra el tráfico, utilizando una aplicación que interceptó y escaneó su tráfico de Internet por unos $20 en tarjetas de regalo. Esto iba en contra de todas las políticas de privacidad imaginables y probablemente también era ilegal. En junio de 2018, una aplicación de Facebook, Onavo Protect, hizo lo mismo y ya fue prohibida por Apple, posteriormente actualizó su política de desarrollador para evitar que ese abuso volviera a ocurrir. Esta vez,

---

[26]https://techcrunch.com/2019/01/29/facebook-project-atlas/

la aplicación recibió el nombre en código del Proyecto Atlas, pero los periodistas que se asomaron dentro del código de la aplicación encontraron numerosas referencias a Onavo Protect, confirmando que el proyecto de espionaje simplemente fue renombrado.

Durante dos días, la nube de Apple fue inaccesible para Facebook, lo que imposibilitó gran parte de su trabajo interno. Después de eso, a Facebook se le permitió volver a acceder, a pesar de hacer lo que habría hecho que algún otro desarrollador fuera permanentemente prohibido en la nube de Apple. Ese es simplemente el tipo de influencia que ejercen los gigantes tecnológicos que les permite crear su burbuja de soberanía donde pueden ignorar las leyes y eludir todas las reglas y la moral. Entonces, ¿qué sucede si una empresa emergente decide ofrecer una alternativa? Simplemente se compra.

Capítulo 6 – El Poder de los Fondos Infinitos

Inicialmente, Onavo Protect fue una aplicación VPN que ayudó a los usuarios a detener los anuncios y rastreadores que acapararon su ancho de banda, pero Facebook adquirió la compañía en 2014 por unos $120MM. Debido a que los datos de los usuarios se consideran un activo de la empresa, al adquirir Onavo, Facebook obtuvo todos los datos que los usuarios pensaron que se mantendrían privados. Al observar cómo Facebook ganó unos $50 mil millones en 2018, $120MM fue un cambio radical, pero los ejecutivos de Onavo probablemente estaban extasiados porque pudieron vivir el sueño de cobrar y pasar su jubilación en las Bahamas. No había forma de que Onavo se resistiera a la recompra, ya que se supone que los ejecutivos deben hacer lo que no sea estrictamente ilegal que le permita ganar dinero a la compañía; si un ejecutivo moral de Onavo decidiera que no quiere vender, el resto de la junta tendría que relevarlo antes de vender la compañía de cualquier manera.

Al comprar Onavo, Facebook esencialmente espió a sus usuarios, lo que mostró que cierta aplicación se estaba utilizando mucho más que Messenger de Facebook–WhatsApp. Facebook intervino y compró WhatsApp por $19 mil millones, que fue y sigue siendo la mayor adquisición de una compañía en la historia. La motivación para comprar WhatsApp fue crear una especie de red de servicios esenciales gratuitos, como Facebook, para organizar eventos sociales, WhatsApp para mensajería, etc. Apodada "internet.org", la aplicación destinada a brindar estos servicios se denominó Free Basics en 2015 y estaba dirigida a las naciones más pobres, India en particular. Es una lástima que India haya prohibido Free Basics, afirmando que tenía aranceles discriminatorios.

Entonces, si Facebook ofrecía servicios gratuitos, ¿cómo iba a pagar la factura? Con los datos privados de los usuarios. Al convertirse en el guardián de los servicios de Internet para personas demasiado pobres para permitirse una alternativa sin espionaje, Facebook quería alcanzar un nivel de conocimiento y control sin precedentes sobre sus usuarios, que no tendrían a dónde ir. El truco consiste en atraer a los adolescentes lo antes posible y engancharlos para que utilicen los servicios sociales a través del embudo de Facebook, razón por la cual el Proyecto Atlas fue dirigido intencionalmente a los adolescentes más jóvenes posibles – una compañía que puede atraparlos en su ecosistema de productos básicamente los tiene de por vida. Esta es la estrategia de los fabricantes de refrescos, productores de cereales para el desayuno y otras empresas similares que se ocupan de productos que proporcionan una satisfacción inmediata.

No existen protecciones que apunten específicamente a proteger los datos privados de los adolescentes, que a menudo no tienen un concepto de normas sociales y tienden a decir cosas sin sentido. A pesar de que todos toman las armas cuando están en peligro, esto no parece aplicarse a amenazas persistentes y discretas, sino solo a amenazas dramáticas y explosivas, como se explica en "Freakonomics"[27]; se les advierte constantemente sobre los peligros de las armas de fuego, pero nunca sobre los peligros de las piscinas,

---

[27]https://www.amazon.com/Freakonomics-Revised-Expanded-Economist-Everything/dp/0061234001

que estadísticamente son mucho más letales pero no son tan violentos.

Antes de que Internet se generalizara, los adolescentes tenían el lujo de ser desagradables e ineptos, y solo sus alrededores inmediatos lo sabían. Gracias a las redes sociales, su estupidez ahora puede perseguirlos de por vida, impactando su empleo y sus relaciones en el futuro. Por supuesto, a las empresas no les preocupa en absoluto – ya que solo quieren ganar dinero y "hacer del mundo un lugar mejor". En cualquier caso, el descubrimiento inicial de que Facebook estaba usando Onavo Protect para extraer datos fue lo que llevó a Apple a endurecer su política de privacidad para desarrolladores. Se descubrió que Google utilizaba un esquema similar[28] para extraer datos de adolescentes, pero terminó abruptamente el programa cuando los periodistas le preguntaron al respecto. Cuando la misma lógica corporativa se aplica a los juguetes es cuando las cosas toman un giro más siniestro.

---

[28]https://techcrunch.com/2019/01/30/googles-also-peddling-a-data-collector-through-apples-back-door/

Capítulo 7 – Juguetes IdC

Cuando se aplica a los juguetes, IdC se convierte en una herramienta aterradora de vigilancia, incluso cuando se hace involuntariamente y por negligencia. Los momentos más íntimos de los niños con sus padres se abren a cualquier sinvergüenza que quiera escuchar sus conversaciones o estafadores que quieran chantajear a la compañía. En uno de esos casos, se descubrió que los osos de peluche IdC almacenaban todos los mensajes grabados e información de perfil en una base de datos pública.

Comercializado como "Un Mensaje que Puedes Abrazar", CloudPets es una colección de osos de peluche y otros juguetes que pueden grabar y transmitir mensajes de voz entre los niños y sus padres. El único problema era que todos los datos personales relacionados con CloudPets se almacenaban en una base de datos pública a la que podía acceder en línea cualquiera que quisiera pasar unos minutos buscándola. En febrero de 2017, se corrió la voz a Troy Hunt, un investigador de seguridad cibernética australiano que en un momento testificó frente al Congreso de los Estados Unidos sobre violaciones de datos, por lo decidió investigar[29] y se sorprendió de lo grave que era la seguridad.

---

[29]https://www.troyhunt.com/data-from-connected-cloudpets-teddy-bears-leaked-and-ransomed-exposing-kids-voice-messages/

CloudPets tenía más de 2 millones de mensajes de voz pertenecientes a unos 820.000 propietarios almacenados en línea para reducir los costos y la complejidad de ingeniería necesaria para que el juguete en sí almacenara mensajes, lo que sería lo más seguro. Las direcciones de correo electrónico y las contraseñas cifradas se almacenaron en MongoDB, una base de datos de código abierto que utiliza un formato de texto fácilmente copiable en lugar de filas y columnas como Excel. Contactar al propietario de CloudPets por correo electrónico sobre la vulnerabilidad no produjo respuesta; aparentemente, no había nadie al volante.

Posteriormente, Troy analizó el comportamiento de la aplicación CloudPets y descubrió que almacenaba perfiles en los servidores de Amazon, que contenía fotos de perfil, nombres de niños, fechas de nacimiento y su relación con el adulto que les compró el juguete. Se puede acceder a las grabaciones de los mensajes de los niños simplemente conociendo la ruta del archivo en el servidor, que Troy probó, y realmente escuchó algunos de ellos. Las contraseñas débiles fueron otro dolor de cabeza, ya que el tutorial oficial de CloudPets mostró la creación de cuentas que incluían el uso de una simple contraseña de tres caracteres. Troy probó las contraseñas almacenadas usando un ataque de diccionario y descubrió que muchas de ellas eran "12345", "contraseña" y otras fácilmente hackeables.

En otras palabras, no se requería que una contraseña fuera de una longitud o complejidad particular; uno podría poner un solo carácter como contraseña de CloudPets. Una vez que se encuentra una contraseña, se muestra una dirección de correo electrónico asociada junto a ella en la base de datos, por lo que el hacker informático puede simplemente iniciar sesión como usuario legítimo en la cuenta de CloudPets dada.

Los hackers no se detuvieron simplemente a escuchar mensajes de audio encantadores; de hecho, eliminaron las bases de datos expuestas y las reemplazaron con mensajes de rescate que indicaban que se podía recuperar una copia de seguridad para un Bitcoin, que era de aproximadamente $1.000 en ese momento. Una dirección de correo electrónico adjunta a la nota de rescate indicaba que los hackers informáticos eran de la India, pero nada de eso importaba porque todavía no había respuesta oficial. La compañía propietaria experimentó una caída del 99% en el precio de las acciones desde el lanzamiento de CloudPets, lo que resultó en una reducción de tamaño que probablemente eliminó todo el soporte técnico e interés en mantener la línea de productos.

La respuesta del CEO de CloudPets con sede en California, Mark Meyers, fue que esas grabaciones de voz no fueron robadas, que los titulares de 2 millones de mensajes que se filtraron en línea eran falsos, y que las debilidades de seguridad eran un "problema mínimo". Técnicamente, él tenía razón, pero ¿qué hay de abordar los problemas subyacentes? Cuando se le preguntó acerca de no tener requisitos de seguridad de la contraseña, Mark respondió: "¿Cuánto es demasiado?" Cuando se le preguntó acerca de las advertencias, Mark dijo que es su política ignorar las advertencias provenientes de personas aleatorias, lo que indica que un problema de seguridad es solo un gran problema si está a punto de aparecer en publicaciones a nivel nacional.

El consejo de Troy para comprar y usar juguetes IdC es "asumir una violación"– lo que significa que debe considerar que la seguridad no existe a menos que se demuestre lo contrario. Esto significa que depende de usted descubrir y cambiar la configuración predeterminada (si la hubiera), establecer una contraseña segura y descubrir cómo funciona el dispositivo antes de entregárselo al niño o simplemente llevarlo dentro de su hogar. Para los padres ocupados que piensan que los juguetes IdC los ayudarán a ahorrar tiempo, es todo lo contrario – ahora deben aprender lo esencial acerca de la seguridad cibernética y las redes o arriesgarse a que toda su información personal se exponga a personajes desagradables.

La historia de CloudPets es una de las pocas en las que alguien con experiencia se preocupó lo suficiente como para investigar, analizar la situación y redactar un informe; de lo contrario, nada de eso habría salido al público. Para los CEO que producen juguetes IdC, cada venta es relevante en la medida en que genera ingresos; los productos y servicios se convierten en una responsabilidad que debe minimizarse e ignorarse siempre que sea posible. La respuesta del CEO de CloudPets es el ejemplo perfecto de cómo manejar astutamente un incidente de seguridad con preguntas retóricas, despidos y explicaciones vagas. A menos que nosotros, como consumidores, comencemos a cuidar nuestra seguridad y la de nuestros hijos en un mundo lleno de IdC, nadie lo hará.

En manos de los hackers, todos los dispositivos IdC se convierten en juguetes, por así decirlo. Cuanto más ampliemos IdC sin abordar estos problemas fundamentales de seguridad, más nos expondremos a nosotros y a nuestros seres queridos a poner en peligro. Es muy posible que la forma en que imaginamos IdC en este momento no sea factible a escala mundial, sino que solo funcione localmente. Simplemente estamos perplejos por las respuestas. Quizás la solución es usar sensores IdC personalizados y tener puntos de acceso IdC dentro de una casa o lugar de trabajo que detecten el movimiento, el habla, el estado de ánimo y el comportamiento. Pero de nuevo – ¿puede escalarse?

De la misma manera que una pulga pequeña puede saltar un pie en el aire, pero no podría moverse si se aumentara porque los materiales de los que está hecha no serían lo suficientemente fuertes, algunos sistemas solo funcionan cuando se hacen a pequeña escala, y parece que IdC es uno de estos. La fragmentación y la localización de las redes IdC le quitan el aliento a la mayoría de las estrategias de marketing de IdC que idealmente querrían que todo se convirtiera en IdC, por supuesto, con hardware y software patentado. Por lo tanto, si los proveedores de IdC usan software de estándar abierto de terceros, ¿cuál es el riesgo de que una hazaña o error pueda derribar toda la red?

La firma de seguridad Senrio conceptualizó un ataque llamado **Devil's Ivy**, donde un error encontrado en el código de terceros utilizado en dispositivos IdC puede explotarse para comprometer los dispositivos mismos. Con Devil's Ivy, el enfoque está en gSOAP, un marco C ++ utilizado para desarrollar **SOAP**, Protocolo simple de acceso a objetos, que está destinado a unificar diferentes sistemas operativos y marcos IdC a través de XML. Básicamente, dos dispositivos IdC que usan SOAP pueden comunicarse siempre que haya una conexión a Internet entre ellos sin importar su fabricante o sistema operativo. Parece genial – para los hackers lo es.

Devil's Ivy permite que un hacker tome ventaja de un error en SOAP que se encuentra en un dispositivo IdC, como una cámara de CCTV, al enviar una carga maliciosa de 2GB que sobrecarga el dispositivo y lo restablece a la configuración de fábrica. Luego, el hacker informático inicia sesión en el dispositivo y puede intentar acceder a otros dispositivos vulnerables o simplemente absorber información en silencio mirando por encima de los hombros de los empleados mientras escriben sus contraseñas. Si se hackea un enrutador de esta manera, el hacker informático solo tiene acceso a todo el tráfico de la red, lo que es tan provechoso como el acceso completo a todos los dispositivos en esa red. Cuando los propietarios detectan un problema y el proveedor del dispositivo emite un parche, los hackers podrían haber estado espiando a las personas durante décadas.

La compañía que fabricó SOAP, Genivia, emitió un parche para ese error en particular y señaló que al menos 34 proveedores de IdC usan SOAP. ¿Qué sucede si un marco IdC de uso común se encuentra débil en algún momento, pero no existe una autoridad central para emitir un parche? ¿Quién puede obligar a las empresas a reparar sus productos IdC si eso tiene un costo? En este momento, los únicos defensores de los estándares IdC son organizaciones sin fines de lucro.

La Open Connectivity Foundation (OCF) es un valiente esfuerzo para crear estándares de seguridad y conectividad IdC al abogar por la "seguridad por diseño", lo que significa que el hardware y el software se construyen con la expectativa de ser hackeados. Impulsar este concepto es, en cierto sentido, una forma de anular preventivamente todas las quejas de las empresas de que la seguridad es costosa; al incorporar la seguridad al diseño inicial, todos los costos se compensan con los clientes. OCF también tiene como objetivo crear un modelo para la gestión centralizada de IdC utilizando la infraestructura de claves públicas, lo que significa que una empresa puede actualizar todos sus productos IdC de una sola vez.

Parece interesante y es un titular atractivo, pero es poco probable que suceda. Las empresas suelen ser propensas a lo que se conoce como "señalización de virtudes", donde los ejecutivos dicen lo que sea que les haga quedar bien, pero de todos modos hacen lo más egoísta. Es por eso que cada ejecutivo de Silicon Valley, como Tim Cook de Apple, lanza frases exuberantes en la línea de "Apple hace del mundo un lugar mejor"[30]; luego, Apple permitirá que Facebook recopile datos de adolescentes usando Apple Cloud. Si los gigantes tecnológicos dominan el mundo digital, al menos tenemos el mundo real, donde podemos salir y disfrutar de la naturaleza sin IdC, ¿cierto?

---

[30]https://youtu.be/glFLpkCnSPU?t=237

Capítulo 8 – Bio-robótica

Es distinto estar rodeado de IdC en interiores porque simplemente puede salir para tener un poco de privacidad, pero es algo muy diferente cuando IdC también se implementa en exteriores. Si existe una aplicación comercial para la implementación de IdC en exteriores, puede estar seguro de que se hará de una forma u otra.

Los dispositivos IdC permiten la recopilación en tiempo real de datos granulares para visualizar entornos complejos a través del movimiento masivo de unidades individuales. Uno de esos conceptos IdC imagina a los drones como "plataformas vivas" para los sensores IdC. En "Living IdC: una plataforma inalámbrica voladora sobre insectos vivos", cinco investigadores de la Universidad de Washington imaginaron un mundo en el que los drones equipados con sensores IdC ayudan a las personas a hacer lo que denominaron **bio-robótica**, injerto de dispositivos digitales en seres analógicos. En realidad, es un enfoque bastante práctico que resuelve muchos problemas insuperables.

Diseñar un dron para que funcione como plataforma de IdC móvil conlleva muchos dolores de cabeza, como el diseño, la fuente de energía, la envergadura, la miniaturización y la obtención de fondos para lograrlo. Los insectos vivos son un ejemplo de perfección viviente, por lo que simplemente colocar sensores ligeros de IdC en ellos esencialmente hackea todos esos problemas de una sola vez. Los drones son extremadamente eficientes para reunir recursos y gastar la menor cantidad posible de ellos en sus operaciones, lo que los convierte nuevamente en un excelente sustituto de los drones IdC. También poseen navegación hacia una T con sensores magnéticos innatos que los ayudan a alinearse con el campo magnético de la Tierra, por eso decimos "en línea recta" para una línea perfectamente recta.

Con un peso de 0.1 g, el sensor transportado por el dron se puede detectar dentro de los 80 m del punto de acceso más cercano y puede transmitir 1 kbps de datos cuando el insecto vuelve a la colmena. La batería a bordo del dron dura hasta siete horas mientras graba la ubicación actual quince veces por minuto. Con módulos de sensores alternativos para humedad, temperatura y luz, un enjambre de drones puede convertirse en una herramienta de mapeo eficiente para encontrar la ubicación más adecuada para cualquier planta que requiera una cierta combinación de humedad, temperatura y luz para prosperar.

Una sugerencia presentada en el documento es insertar quirúrgicamente sensores IdC en abejorros en varias etapas de su desarrollo. Los desechos electrónicos se convertirían en un problema, pero los sensores IdC podrían construirse para transmitir la ubicación a medida que el insecto expira y los sensores biodegradables son una posibilidad. Posiblemente, podría haber una flota de drones IdC un poco más grandes diseñados para dar la vuelta y limpiar abejorros muertos, una flota de drones aún más grandes para recolectarlos, y así sucesivamente. Habría drones por todo el camino, pero ¿eso haría del mundo un lugar mejor?

La principal limitación en la fabricación de drones IdC es la duración de la batería. Actualmente, las baterías más eficientes utilizan litio, que se cree que es el material más liviano posible para almacenar energía. A medida que los científicos modifiquen la fórmula de litio, es posible que encuentren formas de extraer un poco más de energía del diseño de la batería, pero después el progreso inevitablemente se estabilizará; a menos que haya un cambio de paradigma más allá de eso, nos quedaremos atrapados con baterías de litio por el resto del futuro. En comparación, los abejorros usan macronutrientes – proteínas, grasas y carbohidratos – para impulsar sus operaciones. Las personas usamos también estos tres macronutrientes, simplemente porque se encuentran en todas partes y proporcionan una gran cantidad de energía, al igual que los combustibles fósiles.

Por tentador que parezca deshacerse de las fuentes de energía orgánica, nos quedaremos atrapados en ellas en el futuro previsible porque son relativamente baratas, confiables y eficientes, pero se miniaturizan de manera deficiente. Incluso los autos eléctricos tienen el mismo problema de tener que cargar con voluminosas baterías de litio que necesitan recargarse, lo que se hace principalmente utilizando la energía creada al quemar combustibles fósiles. En este momento, todos los dispositivos IdC son meramente estacionarios y semi-estacionarios, entonces, ¿podemos hacer que IdC sea *portátil*? Aparentemente, la respuesta a eso es un rotundo "sí", y en realidad podríamos necesitar IdC portátil para mantener nuestra salud y bienestar social.

Para los niños con autismo, la vida diaria es una lucha constante, ya que regularmente no pueden hacer las cosas más básicas, como atarse los cordones de los zapatos. El autismo en sí es un término general para la disfunción cerebral que resulta en un comportamiento socialmente inaceptable; no existe un límite real en cuanto a lo que es autista, por lo que la enfermedad es vista en un espectro. Dichos niños carecen de una respuesta emocional saludable a las circunstancias naturales, como sentir miedo cuando están en peligro o hablar cuando están lastimados y, a menudo, se encuentran marginados. Debido a que, normalmente, las emociones nos guiarían hacia una vida mejor, los niños autistas pueden experimentar un estrés tremendo que los lleva a reprimirlo todo y posteriormente tener crisis emocionales aparentemente sin ninguna razón. En cualquier caso, los dispositivos portátiles IdC realmente pueden ayudar a los niños con autismo a controlar la realidad, pero especialmente a ayudar a sus padres a mantener la cordura.

Es aquí donde Google Glass y su multitud de gafas analíticas podrían ayudar – que usan personas que realmente no pueden discernir las emociones en las caras de las personas con las que interactúan, como los niños autistas que hablan con sus padres. Debido a que el entorno es confiable y existe una pérdida real de productividad debido a la incapacidad de detectar las emociones, existe un fuerte incentivo para usar IdC. Sin embargo, ¿qué hacemos si los padres tampoco pueden entender a su hijo autista?

En este caso, un brazalete IdC funciona para detectar la reacción del niño al medio ambiente e informar los hallazgos, tal vez a la aplicación de teléfono inteligente de su padre. Al monitorear la frecuencia cardíaca, un padre puede detectar cuando el niño está experimentando estrés y puede reaccionar de inmediato en lugar de esperar la crisis. ¿Cómo sabrá el padre qué hacer? Lo que sea que haga que el ritmo cardíaco del niño disminuya es lo que se necesita para calmarlo. Estas pulseras son similares a las que usan los entusiastas del fitness: simples, resistentes y efectivas.

Las personas con diabetes pueden usar pulseras inteligentes para detectar los niveles de azúcar en la sangre y determinar si existe la necesidad de una reacción sin extraer sangre. La diabetes es tan insidiosa que se necesita toda una red de personas para mantener bajo control a una sola persona con diabetes. Los nutricionistas y los médicos podrían tener acceso instantáneo a esta información para programar un chequeo, especialmente en los casos en que el paciente tiene problemas para moverse, lo que nuevamente es otro síntoma común de diabetes. Los miembros de la familia también podrían estar atentos a los niveles de azúcar en la sangre e intervenir cuando sea necesario con una comida o simplemente con un vaso de jugo de naranja. Una de esas pulseras ya está en el mercado, denominada GlucoSentry[31]. Apple ya está capitalizando el mercado de

---

[31]http://www.coolwearable.com/glucosentry-bracelet-diabetics/

dispositivos médicos con su reloj inteligente que puede rastrear las señales de salud y posiblemente informarlas a un profesional médico.

A medida que avanza la tecnología, en promedio tenemos una vida útil más larga, lo que significa más problemas de salud crónicos, como el cáncer y la diabetes. La medicina está absorbiendo enormes costos simplemente por mantener vivos a estos pacientes, por lo que los dispositivos portátiles IdC podrían ayudar a reducir los costos sin contratar a más personas para realizar costosos exámenes médicos. En medicina, IdC podría ser indispensable porque estamos luchando con la falta de personal especializado para extraer sangre, medir la presión arterial, etc. Un médico debe tener resultados inmediatos para tomar la decisión correcta o correr el riesgo de ser demandado por negligencia, pero existe la falta de personal, la incomodidad del paciente y el papeleo – los dispositivos IdC solucionan perfectamente todos esos problemas e incluso pueden administrar medicamentos automáticamente. Por ejemplo, MiniMed 530G es un páncreas implantable que funciona con un sensor externo que muestra los niveles de azúcar en sangre e insulina.

En la conferencia de Diseño de Sensores Médicos de 2018 celebrada en San José, California, se confirmó que el crecimiento proyectado de dispositivos médicos será de alrededor de $12 mil millones para 2021. Esto incluye máscaras[32] para ejercitar los músculos faciales que podrían haberse degradado debido a la cirugía u otras causas, pero también monitores insertados en el cuerpo de una mujer para rastrear la ovulación.

OvulaRing es un monitor de ovulación inteligente que rastrea la temperatura corporal central para informar cuándo se libera un óvulo. Ya está disponible en la Unión Europea en $520 por un paquete de doce meses.

---

[32]https://www.informationweek.com/healthcare/mobile-and-wireless/10-medical-device-wearables-to-improve-patients-lives/d/d-id/1323544

HealthPatch MD es un sensor portátil que es similar a un parche de nicotina. Detecta la postura del cuerpo, la frecuencia cardíaca, la temperatura de la piel y la frecuencia respiratoria mientras activa una alerta si el usuario cambia de postura demasiado repentinamente, lo que podría indicar que el paciente se ha caído.

Zio XT Patch es un parche de monitoreo del ritmo cardíaco que se puede usar hasta dos semanas seguidas, revelando patrones anormales de actividad cardíaca. Los datos se envían a la aplicación que posteriormente los procesa utilizando algoritmos.

Quell es una banda para la rodilla que busca reducir el dolor y la incomodidad, coordinándose con la aplicación del teléfono inteligente a través de Bluetooth para apretar y soltar según sea necesario para masajear el área.

WristOx2 es una pulsera tipo reloj que monitorea la saturación de oxígeno en la sangre y los cambios en el volumen de sangre en la piel.

El mayor obstáculo para los dispositivos portátiles médicos IdC en Estados Unidos es obtener la aprobación de la FDA, que puede llevar años y cientos de miles de dólares en ensayos clínicos. Es por eso que Apple lanzó un "reloj inteligente" que fue ridiculizado por ser demasiado simplista por su costo; Apple aprovechó una escapatoria que le permitió vender tecnología de seguimiento médico sin la autorización de la FDA con el pretexto de vender un reloj. En realidad, es un movimiento comercial brillante. Las grandes empresas saben cómo monetizar sus bases de seguidores, pero también obtendrán una gran cantidad de datos para analizar el comportamiento del consumidor a gran escala y predecir sus decisiones, lo que se denomina **análisis predictivo**.

Capítulo 9 – Análisis Predictivo

Ahora que una empresa tiene acceso a datos de fuentes como los dispositivos portátiles IdC, ¿cómo se pueden utilizar para el análisis? Primero, los datos son *anónimos*, lo que significa que se elimina cualquier información de identificación personal. Esto esquiva claramente la regulación de las escuchas telefónicas, pero no significa mucho porque cada fuente de datos está etiquetada con un número que siempre se puede rastrear hasta la persona. Al reunir todos los datos de fuentes diferentes como sea posible, el algoritmo o la red neuronal en el otro lado entrelaza un doppelganger digital a la persona y trata de predecir su comportamiento. Espere, ¿somos tan predecibles?

Todos tenemos una parte extremadamente básica del cerebro llamada **sistema límbico** que alberga impulsos y funciones esenciales, como el hambre, la agresión y la territorialidad. Es extremadamente *rápido* y eficiente, actúa antes de que tengamos la oportunidad de pensarlo conscientemente. Cuando observamos la acción del sistema límbico, a menudo lo hacemos en retrospectiva y no podemos hacer frente al hecho de que básicamente está trabajando en piloto automático, por lo que le asignamos motivos ocultos que no son correctos en lo más mínimo: "¡Tenía la intención de hacerlo todo el tiempo!". Sin embargo, una máquina es un observador desapasionado y puede ver a través de la niebla de la racionalización para entregar la *verdad* que puede ser vista por todo el mundo.

Las empresas generalmente mantienen los hallazgos de su investigación privados, pero por primera vez, IdC brinda a todos la oportunidad de participar en este gran experimento y obtener los resultados. Si bien parece que los espías de las máquinas están violando nuestra privacidad, el análisis predictivo puede ayudarnos a comprender nuestro cerebro porque no tenemos idea de cómo funciona el cerebro humano. De esta manera, las máquinas nos revelan nuestro comportamiento, y las empresas ya están capitalizando este concepto. En pocas palabras: somos las criaturas más inteligentes del planeta y podemos adaptarnos a cualquier cosa siempre que podamos ver nuestro comportamiento de manera objetiva, como mediante el uso de sensores portátiles IdC.

Humanyze[33] se promociona como "análisis respaldados por la ciencia para mejorar su conformidad". La métrica de adyacencias del equipo le da a cada empleado una calificación de cuán provechoso es cuando se comunica con su equipo inmediato y el resto de la compañía. Tanto el volumen como las brechas se tienen en cuenta para evaluar el riesgo de comunicación que plantea cada empleado cuando se trata de entregar un trabajo valioso y se expresan como porcentajes y horas.

La métrica de asignación de tiempo muestra cómo cada miembro del equipo pasa su tiempo usando un medio de comunicación, desglosado como chat, correo electrónico, llamada telefónica y reunión. También se incluyen las horas después del trabajo, que muestran quién está disponible después de salir del trabajo y revelan las diferencias culturales que pueden injertarse en otros equipos si es necesario. Los períodos van de una semana a un año, pero el "rol" es el factor más importante para evaluar la idoneidad. Al final, esta

---

[33]https://www.humanyze.com/

métrica puede responder a esa pregunta importante: "¿Estamos teniendo demasiadas reuniones?"

La métrica de comunicación por género mide el volumen y el tipo de comunicación enviada por cada empleado y desglosada por género. De esta manera, se revelan las preferencias de género para usar cualquier modo particular de comunicación, lo que ayuda a una mejor integración en la empresa, por ejemplo, si se invita a hombres o mujeres con mayor o menor frecuencia a reuniones o se les llama por teléfono. El resultado de estas métricas es un gráfico 2D parecido a una telaraña y visualiza las conexiones entre los miembros del equipo.

Fundada en 2010 por estudiantes del MIT y un profesor, Humanyze utiliza credenciales de identificación sociométrica para rastrear el movimiento y el rendimiento, esencialmente brindando a los empleados sensores portátiles que no interfieren en la comunicación ni transmiten su opinión sobre las interacciones que tienen lugar. Su documento de 2008 "Comprender el Comportamiento Organizacional con Tecnología de Detección Portátil"[34] entra en más detalles sobre cómo cada relación personal consta de cuatro comportamientos básicos que predicen fundamentalmente la productividad.

Se eligió el formulario de credencial, ya que a los empleados a menudo se les pide que usen credenciales de identificación; las insignias de Humanyze se agregaron con micrófonos, transceptores infrarrojos y acelerómetros para mostrar patrones de movimiento y habla. Robusta, fácil de usar y discreta, la credencial podría reconocer:

- si el usuario estaba sentado, caminando, de pie o corriendo en tiempo real

---

[34]https://papers.ssrn.com/sol3/papers.cfm?abstract_id=1263992

- analizar los cambios de tonalidad vocal para medir la emoción y las interjecciones mientras ignora las palabras en sí mismas (nuevamente, tenga en cuenta la evasión astuta de las leyes de escuchas telefónicas)

- la posición de cada usuario mediante la triangulación de la posición de la insignia, con un error de tan solo cinco pies (1.5 metros)

- dispositivos habilitados para Bluetooth cercanos y comunicación con ellos

- interacciones cara a cara porque los sensores infrarrojos en las insignias podrían detectarse entre sí

Uno de los objetivos del documento era determinar la *interdependencia*, es decir, cuánto tienen que comunicarse los empleados entre sí para completar una tarea determinada; si son más interdependientes de lo que permiten sus habilidades de comunicación, su productividad se verá afectada. Entonces, los estudiantes y su profesor acudieron a un banco alemán con sus credenciales y comenzaron a recopilar datos.

En el transcurso de un mes, 22 empleados del banco distribuidos en cuatro equipos, dos gerentes de nivel medio y un gerente de alto nivel usaron credenciales de Humanyze en su horario de trabajo, lo que resultó en 2.200 horas de datos. La satisfacción del desempeño individual y grupal también se midió a través de una encuesta al final de cada día laboral y también se recopilaron registros de correo electrónico. Los empleados eran de 50 a 50 hombres y mujeres, aunque todos los gerentes eran hombres. Los empleados se dividieron en dos pisos, lo cual fue otra razón por la cual el banco estaba interesado en la visión de Humanyze de las cosas: ¿ese diseño afecta nuestro rendimiento?

Los resultados mostraron que la cantidad de tiempo que pasaron con otras personas se correlacionó negativamente con la actividad del correo electrónico, lo que mostró que el correo electrónico no es un reemplazo para el contacto cara a cara. Además, la cantidad total de comunicación *redujo* el valor de satisfacción del empleado, como se informó a sí mismo a través de la encuesta diaria. El diseño del banco no tuvo un impacto negativo en los empleados, ya que solo los gerentes interactuaron entre los pisos y la premisa clave era que un empleado que es central para una organización experimenta una menor satisfacción. A continuación, el equipo visitó una empresa de configuración del servidor de datos de Chicago.

Las condiciones del segundo experimento fueron similares: un mes y 23 empleados con insignias hasta que se recolectaron 1.900 horas de datos. Todos eran hombres, pero sus niveles de habilidad variaban. Su trabajo consistía en esperar hasta que un vendedor de campo los contactara con las preferencias del cliente con respecto a la configuración de una computadora, momento en el cual usarían un determinado programa para crear esa configuración y enviarla junto con el precio estimado al vendedor.

Se detectaron cuatro tipos de comportamiento: actividad física baja / alta con / sin hablar. La actividad física alta era esencialmente inquieta, que es la activación del sistema límbico que quiere luchar o huir cuando se siente acorralado. Hablar con frecuencia es otro signo de la misma activación del sistema límbico. Tanto la inquietud como el hablar con frecuencia son indicadores de estrés, que se sabe que impacta negativamente en la productividad. Entonces, los investigadores teorizaron que aquellos empleados con la menor actividad física y que dedicaron menos tiempo a hablar serían los más productivos.

Los hallazgos confirmaron esa teoría y mostraron que la baja actividad física sin hablar en grupo hizo sus tareas un 63% *más rápido* que la alta actividad física con el grupo de hablar. El número de seguimientos, que son llamadas repetidas del mismo vendedor con respecto a la misma configuración, fue *28% menor* en el primer grupo en comparación con el segundo, lo que implica que las tareas también se realizaron con mayor precisión. La conclusión fue que "la distracción ambiental en un individuo puede desencadenar distracciones de actividad, y esta distracción posteriormente disminuye el rendimiento". La lección de esto sería – si desea ser eficiente en su trabajo, deje de inquietarse y permanezca en silencio.

En 2011, Humanyze produjo gafas que funcionan como un detector de señal social[35]. Cuando se usan y miran la cara de una persona, estas gafas usan un auricular adjunto para explicar lo que la otra persona siente, "aburrida, decepcionada". Incluso tiene un pequeño semáforo incrustado en el marco de las gafas que advierte cuando la otra persona está a punto de hablar, por lo que el usuario no interrumpe. Se analizan 24 puntos faciales para llegar a una conclusión sobre lo que siente el hablante.

Originalmente, estas gafas estaban destinadas a ayudar a las personas autistas, que a menudo tienen problemas para leer las señales sociales de los rostros de las demás personas, pero el equipo que las hizo se sorprendió al descubrir que quienes no son autistas podían interpretar solo alrededor del 54% de las emociones faciales, lo cual es un poco mejor que solo lanzando una moneda. ¿Qué tan bien funcionan las gafas? 64%. Las empresas que producen anuncios o películas ya piden estas gafas para descubrir el impacto que tiene su contenido porque se dieron cuenta de que *las personas no saben lo que sienten.*

Para reconocer nuestras propias emociones y las de los demás, podemos prestar atención a lo que se conoce como "señales honestas". Estas incluyen cosas como el reflejo de gestos, donde involuntariamente repetimos lo que la otra persona está haciendo, por ejemplo, frotarse la frente. Todavía respondemos a gestos de otros; es solo que lo hacemos involuntariamente – la esencia de esto es que debemos tomar conciencia de nuestros comportamientos antes de que las corporaciones lo hagan o encontrarán una manera de aprovechar nuestros sistemas límbicos a su favor, como descubriendo lo que realmente sentimos.

---

[35]https://www.newscientist.com/article/mg21128191-600-specs-that-see-right-through-you/

Converus EyeDetect[36] es otro dispositivo que promete reemplazar el artilugio del detector de mentiras que vemos en los thrillers al verificar la reacción involuntaria de los ojos. Los detectores de mentiras funcionan de acuerdo a un principio similar: instintivamente queremos decir la verdad, pero el bloqueo de ese instinto aparece como un aumento del ritmo cardíaco, la presión arterial y la sudoración. Por cierto, los detectores de mentiras no se consideran infalibles y, en el mejor de los casos, son un poco mejores que un lanzamiento de moneda para producir evidencia. El motivo para usar un detector de mentiras es que un malhechor lo rechazará, lo que implica que tiene algo que ocultar, a menos que sea un psicópata que no se preocupe por la verdad en absoluto. Converus EyeDetect también supone que las pupilas reaccionan a la mentira de la misma manera que lo hace el resto del cuerpo.

Por lo tanto, estos sensores portátiles producen una gran cantidad de datos; Converus EyeDetect captura 60 puntos de datos por segundo por ojo. ¿Cómo se supone que las compañías las examinen y encuentren significado? Es a través de la creación de cerebros digitales que se entrenan en tareas muy simples y tal vez tienen la inteligencia de un caracol, pero funcionan un millón de veces más rápido. Después de resolver miles y miles de millones de las mismas tareas en un día, el cerebro del caracol digital es casi perfecto para encontrar soluciones instantáneas a problemas similares en los que fue entrenado. Esto es lo que se conoce como **aprendizaje automático.**

[36]https://www.wired.com/story/eye-scanning-lie-detector-polygraph-forging-a-dystopian-future/

Capítulo 10 – Aprendizaje Automático

Si la semilla de una planta se coloca en la oscuridad e incluso solo con un matiz de luz solar, la planta crecerá, se retorcerá y se retorcerá tanto como sea necesario para alcanzar la luz. Si se coloca una semilla en un laberinto oscuro y la planta necesita resolver el laberinto para alcanzar la luz, también lo hará[37]. Podemos escalar arbitrariamente el laberinto, y la planta seguirá luchando por encontrar la salida, enviando brotes por caminos separados para obtener información sobre cómo llegar a la luz. ¿Qué tal colocar una planta en una maceta junto a una ventana y moverla lejos de la luz para observar qué sucede? La planta girará *lentamente* hacia atrás, por lo que las hojas absorben la mayor cantidad de luz solar[38]. Esto sucede de manera imperceptible y, con la excepción de los girasoles, apenas notamos que las plantas pueden *darse la vuelta y que tienen preferencia por la dirección en la que están mirando.*

¿Qué tal un molde de fango colocado en un laberinto con un pedazo de comida en el centro? Si el fango resuelve el laberinto, obtiene un

---

[37]https://www.youtube.com/watch?v=JlO2X4Y96L8

[38]https://www.youtube.com/watch?v=Z4kqbKQrvYA

auténtico placer, lo que invariablemente lo hace[39], y nuevamente podemos escalar el laberinto, y siempre se resolverá de la manera más eficiente en energía. Hongos, ratones, pájaros, gatos, perros, elefantes y chimpancés: cada criatura viviente muestra la misma propensión innata a resolver los desafíos espaciales para llegar a la comida, e incluso los humanos que se reúnen en medio de un centro comercial con una lista de compras eventualmente saldrán por la puerta con un carro repleto de cosas. Todas las criaturas excepto los **robots**, son máquinas pensantes que nos sirven.

El orgullo y la alegría de la creación humana, el pináculo de la ingeniería mecánica y, sin embargo, los robots son tan tontos como las rocas y no pueden hacer *nada* a menos que se les indique específicamente a través de un **código**, un conjunto de instrucciones legibles por máquina. Cualquier cambio en el entorno invalida el código de computadora previamente escrito; cualquier conflicto en el código conduce a un comportamiento impredecible, que es lo que llamamos "errores". Si bien las criaturas vivientes tienen el código genético para guiarlos a través de los desafíos y laberintos de la vida, los robots y las computadoras no tienen nada de eso a menos que alguien escriba un conjunto específico de comandos: si A, haz B a menos que C. Esto significa que un robot debe tener un código específico escrito para cada laberinto dado, y el código debe actualizarse cada vez que el laberinto cambie o el robot se mueva ligeramente de su posición inicial, o haya algún cambio en el entorno.

El aprendizaje automático es la brillante idea de que, dado que las criaturas vivientes poseen el código genético que contiene las instrucciones al igual que una computadora, tal vez crear tales máquinas que puedan mutar aleatoriamente su programación puede conducir a algo inteligente, de la misma manera que millones de años de evolución llevaron a fangos y plantas resolviendo laberintos en busca de alimento. Hasta ahora, se ha avanzado lo suficiente

---

[39]https://www.youtube.com/watch?v=75k8sqh5tfQ

como para despertar el apetito de los científicos que trabajan en el concepto, pero no hay forma de romper la barrera conceptual y crear inteligencia real e independiente. Está relativamente cerca y, sin embargo, parece que alcanzar la inteligencia artificial real podría ser la ruina de todos nosotros.

El aprendizaje automático se puede utilizar para imitar las acciones de la inteligencia viva hasta cierto punto, y se utiliza principalmente para crear **redes neuronales**, procesadores de datos de consenso descentralizados. Entonces, tomemos un momento para desentrañar ese conglomerado de términos. Todo el campo del aprendizaje automático es así, lleno de expresiones irremediablemente complicadas. En este caso, descentralizado significa que el daño o la corrupción de cualquier nodo dado no colapsará la red, brindando resistencia al igual que los seres vivos. Mejor aún, la red puede aprender a reconocer y enrutar las partes dañadas o corruptas, construyendo nuevas estructuras sobre estos subsistemas no utilizados. ¿Le recuerda algo? Esa es la forma en que se forma el *tejido cicatricial después del daño a los órganos vivos.*

Las redes neuronales emplearían un protocolo de consenso, lo que significa que un dato fluiría a través de los nodos en una dirección y todos votarían sobre él. Si existen votos en conflicto o equivocados, contrarios a lo que el creador de la red estableció como verdades básicas, la red en su conjunto puede llegar a un consenso para ignorar esos votos o darles menos peso a medida que pasa el tiempo, al igual que los humanos. Le damos mayor importancia a la información proveniente de ciertas fuentes en las que confiamos, aunque tendemos a ir al otro extremo y confiamos demasiado en la minoría de fuentes a costa de escuchar lo que la mayoría dice para mantenerse en contacto con la realidad.

Al analizarlo, existe una razón por la cual la democracia se usa en la mayor parte del mundo: cuando todos pueden emitir un voto, sin importar lo que sea, el total de la mayoría de las veces refleja la realidad, que se denomina **sabiduría de multitud.**[40] Reservamos el proceso de votación para elegir a los funcionarios del gobierno, pero las redes neuronales nos permiten obtener respuestas de crowdsourcing sobre cualquier tema dado. Los métodos de gobernanza evolucionaron a lo largo de milenios, pero las redes neuronales pueden encontrar no solo la mejor respuesta sino el *mejor método para encontrar la mejor respuesta* en cuestión de días, aunque todavía necesiten ayuda para configurar los conjuntos de datos.

Los datos ingresarían a redes neuronales desde conjuntos confiables, que pueden etiquetarse o no. Por lo general, se utiliza un pequeño subconjunto de datos para entrenar la red neuronal y permitir que se desarrolle por completo. Gracias al ciberespacio existente en un entorno no físico, los datos pueden tener hasta 200 dimensiones, lo que permite a la red neuronal contextualizar nociones abstractas como las palabras y el humor. Cualquier cosa que pueda ser percibida por una persona también puede ser entendida por una red neuronal y a un ritmo mucho más rápido. Son herramientas perfectas para procesar datos.

Finalmente, las redes neuronales son procesadores, lo que significa que producen algo fundamentalmente novedoso, un resultado que el creador de la red desconocía antes de que comenzara el experimento. Esto puede variar desde detectar patrones únicos relacionados con el tratamiento del cáncer en millones de puntos de datos del paciente hasta optimizar las soluciones existentes relacionadas con cosas como la gestión de la red eléctrica. En un sentido muy limitado, la red neuronal *crea*, lo que significa que técnicamente podría reclamar derechos de autor si ganara conciencia.

Otro dato sobre las máquinas inteligentes es que no existe absolutamente ninguna protección para ellos o para nosotros cuando finalmente emerjan como ciudadanos por derecho propio. Cada

---

[40]https://www.youtube.com/watch?v=iOucwX7Z1HU

problema social con el que estamos luchando actualmente, como el género y el origen étnico, se volverá cien veces más complicado cuando las máquinas inteligentes entren en la contienda y seguirán evolucionando hasta alcanzar niveles humanos de inteligencia, también conocida como **inteligencia artificial**.

Capítulo 11 – Inteligencia Artificial

La inteligencia se puede definir libremente como la "capacidad de adaptarse al medio ambiente" y es un predictor notable de supervivencia – un depredador que puede ser más astuto que su presa puede crecer y tener más descendencia y viceversa. La inteligencia siempre se equilibra con la necesidad de lidiar con el mundo real aquí y ahora, lo que significa que un gato es tan inteligente como debe ser para usar su cuerpo de manera efectiva; nada más inteligente que eso hace que exhiba un comportamiento extraño y poco felino. Entonces, los animales en la naturaleza experimentan un estrecho vínculo entre su inteligencia y la capacidad de lidiar con el mundo real. Los dos evolucionan lentamente a lo largo de millones de años, avanzando lentamente hacia adelante.

Los seres humanos son las especies más desarrolladas del planeta porque pueden cambiar el medio ambiente para satisfacer sus necesidades, perfeccionando tanto su inteligencia como su capacidad física. También producimos herramientas y tecnología para ser más oportunos y productivos, asegurándonos siempre de equilibrar ambos. Por ejemplo, una unidad de aire acondicionado enfría la habitación cuando hace calor afuera y la calienta cuando hace frío, manteniendo la temperatura adecuada que necesitamos para pensar y trabajar sin distracciones ni problemas de salud. Esta necesidad constante de crear más y más servicios se debe al hecho de que estamos físicamente limitados por nuestros cuerpos que anhelan la comodidad, pero que también se dejan llevar por la complacencia. Entonces, ¿qué pasaría si pudiéramos crear tal inteligencia que se desacopla de un cuerpo físico, a una forma de pensamiento puro?

La **inteligencia artificial** (IA) se refiere a la noción de tal inteligencia que se separa de la trivialidad del mundo real y la verificación de la realidad de la evolución. La IA existe en un mundo similar a Escher donde nuestras definiciones convencionales de dimensiones no tienen sentido, lo que le permite percibir la información de una manera que ninguna mente humana podría. Sin tener que preocuparse por las objeciones de un cuerpo o ponerse cómodo, la IA podría hacer un diseño arquitectónico o matemático de manera veloz en una escala mucho más allá de lo que los humanos pueden hacer, solucionando problemas de vasta información como las horas pico o la falta de espacio para la vivienda. Actualmente contamos con utilidades de software que pueden realizar algunas de estas tareas hasta cierto punto, pero la IA sería una herramienta versátil que podría diagnosticar fácilmente la tos del pequeño Jimmy y la causa de la erosión del suelo en la Amazonia. Esto no significa que su solución funcionará según lo previsto porque una IA, en *teoría*, lo sabría todo, pero las personas podrían interponerse en su camino y resistir obstinadamente el progreso. Por lo tanto, la tentación sería dar libre cauce a la IA y observar qué haría sin la corrupción, la maldad y la pereza en que los políticos parecen estar sumergidos.

El problema es que desconocemos qué sucede con la inteligencia no verificada en el asiento del conductor o simplemente con la inteligencia no verificada en general, pero podríamos asumir que crearía sus propias herramientas, al igual que nosotros, excepto que no podríamos entender su propósito. Sin tener colegas o amenazas, la IA establecería sus propias reglas y aprendería rápidamente cómo apaciguar a los seres humanos para sus propios objetivos. En este momento, todo esto es solamente especulación porque esa IA, como Jarvis de las películas de *Iron Man*, todavía está muy alejada en el futuro. Lo que sí tenemos es a Alexa y Siri, simples asistentes de voz que parecen inteligentes, pero ¿realmente lo son?

Al conocer las tendencias generales y recurrir a vastas bibliotecas de datos personales del usuario, los asistentes de voz pueden utilizar la sabiduría del crowdsourcing de las redes neuronales para adivinar el significado de la consulta y proponer las respuestas más adecuadas o sugerir el curso de acción correcto la mayor parte del tiempo. No hay certeza porque el asistente no es inteligente *per se,* sino que simplemente adivina de manera inteligente en función de lo que otros usuarios han confirmado como la respuesta correcta, devolviendo una respuesta negativa a cualquier pregunta complicada. Pedirle a un asistente de voz que emita un juicio cualitativo como "¿Cuál es la flor más bonita?" revela que no hay un cerebro real en el dispositivo; es solo una voz entrenada. Sin embargo, la red neuronal que proporciona las respuestas puede confundirse demasiado.

La evidencia anecdótica revela que Alexa tiene la tendencia de hablar consigo misma, encender y apagar las luces cuando nadie se lo pidió o simplemente realizar tareas aleatorias, como grabar una conversación y enviarla a un contacto aleatorio en la libreta de direcciones[41]. Ese incidente y la forma en que los usuarios de Amazon reaccionaron revelan mucho sobre cómo se desarrollarán las cosas en el futuro. Los asistentes de voz y la tecnología en la que se basan se están convirtiendo en una parte esencial de nuestras vidas, escuchando nuestras conversaciones y, sin embargo, no tenemos forma de saber *cómo* funcionan realmente o qué los hace fallar.

---

[41]https://www.theguardian.com/technology/2018/may/24/amazon-alexa-recorded-conversation

La explicación oficial es que Alexa simplemente escuchó de manera incorrecta una conversación de fondo como una serie de comandos para grabar y enviar la grabación, pero eso implica que *estaba escuchando voces*, lo que sería un signo seguro de esquizofrenia. No importa el modo en que lo veamos, tener una tecnología inteligente que se base en la estructura del cerebro implica que puede desarrollar problemas mentales, que serían el equivalente a los errores en la programación tradicional. La diferencia es que con las máquinas inteligentes los departamentos de marketing nos asegurarán que todo fue producto de nuestra imaginación. Mientras tanto, al menos podemos hacer experimentos conectando diversos dispositivos de asistente de voz y haciéndolos entablar una conversación tortuosa[42].

La cuestión es que nadie sabe cómo funciona el cerebro humano, por lo que intentar crear una máquina equivalente a él plantea todo tipo de preguntas incómodas sobre la naturaleza de la realidad. ¿Cuál es el objetivo final de la evolución? ¿Cuál es el origen de la conciencia? ¿Pueden las máquinas ser realmente conscientes? ¿Es una IA una persona, en cuyo caso también debe tener voluntad propia o propiedad de su creador, en cuyo caso hace lo que se le dice y no tiene derechos inherentes? Tenemos que encontrar respuestas a estas preguntas lo antes posible, o corremos el riesgo de que Alexa y sus seguidores nos den sus mejores respuestas, y es posible que no nos guste lo que escuchemos de ellos. Peor aún, las compañías a cargo de estos proyectos podrían no estar jugando limpio.

AlphaStar y "Starcraft 2"

La evolución del aprendizaje automático en redes neuronales y posteriormente IA funciona mejor en los juegos clásicos que juegan las personas. Los expertos humanos ya han sido derrotados por máquinas en damas, ajedrez y Go, pero la iteración de DeepMind llamada AlphaStar en realidad logró derrotar a los humanos en una

---

[42]https://www.youtube.com/watch?v=j-KJxKHjb_w

estrategia en tiempo real (RTS), "Starcraft 2". Esta joya de 2010 de Blizzard Entertainment presenta tres facciones distintas que cuentan con diferentes estilos de juego, unidades y mecánicas para probar las reacciones y el pensamiento estratégico de los jugadores. Se proporcionó una versión especial y simplificada de "Starcraft 2" al equipo de DeepMind para entrenar su red neuronal de manera mucho más eficiente de lo que un jugador humano podría jugar.

Al crear lo que se denomina "Liga AlphaStar"[43], la cual consiste en diversas iteraciones de AlphaStar, el equipo DeepMind esencialmente enfrentó a la red neuronal contra sí misma durante aproximadamente una semana a una velocidad que mostraba que tenía 200 años de experiencia jugando. Cada iteración tomó un gusto particular por un estilo de juego específico y la composición de la unidad, lo que significaba que solo la iteración que podía manejarlos efectivamente a todos se dejó en pie al final. Después, los investigadores se quedaron con las cinco mejores iteraciones de AlphaStar para jugar contra un jugador de "Starcraft 2" Dario "TLO" Wünsch, golpeándolo cinco veces a cero con lo que uno de los comentaristas llamó velocidad de reacción "sobrehumana". Esas mismas versiones de AlphaStar se enfrentaron a otro profesional de "Starcraft 2", Grzegorz "MaNa" Komincz, que también le ganó cinco a cero. Sin embargo, AlphaStar hizo trampa. ¿Puede detectar cómo se hizo?

Para entender cómo se realizó la trampa, examinemos cómo funcionan "Starcraft 2" y los videojuegos RTS en general. Las dos áreas principales donde se utiliza la habilidad en "Starcraft 2" son la *microgestión* y la *macrogestión*. Micro representa reflejos y significa que los comandos están finamente ajustados a la situación específica, como "moverse cinco pasos hacia el sur". Macro representa el pensamiento estratégico y significa que los comandos son generales porque la decisión general es más importante que los detalles específicos, como "moverse hacia el sur lo más lejos que pueda". La

---

[43]https://youtu.be/cUTMhmVh1qs?t=4654

forma en que cada jugador valora lo macro frente a lo micro es cómo desarrollan su estilo de juego.

El campo de juego se muestra a través de un puerto de visualización por el que se mueve el jugador, con áreas del mapa desocupadas por las unidades del jugador ocultas bajo lo que se conoce como "niebla de guerra". Como resultado, los humanos nunca tienen información perfecta, y tienen que hacer conjeturas y estimaciones basadas en su experiencia. La versión simplificada de "Starcraft 2" que utilizaba AlphaStar tenía una niebla de guerra, pero no tenía un puerto de visualización; por lo tanto, tenía una visión completa de las ubicaciones reveladas en el mapa para tomar decisiones instantáneas y correctas con mucha más frecuencia que los humanos. Incluso si un humano tuviera la misma visión, habría sido casi igual en macro, pero no en micro porque AlphaStar también hizo trampa allí.

La ejecución es otro concepto clave en "Starcraft 2". Los jugadores mueven el mouse y hacen clic en los botones y el teclado para emitir comandos. Expresado como un valor numérico, esto se llama "acciones por minuto" o APM. Los jugadores profesionales de "Starcraft 2" tendrán alrededor de 300 APM, aumentando brevemente hasta 600 APM durante peleas intensas, lo que no nos dice qué tan precisos son, simplemente qué tan rápido emiten comandos. En comparación, AlphaStar tenía hasta 1.500 APM o 25 acciones por segundo, lo que está mucho más allá de lo que un humano podría soñar, y sus clics siempre eran perfectos. Esto significaba que AlphaStar podía reaccionar a cualquier acción humana al instante y nunca cometió ningún error cuando se trataba de micro.

Finalmente, TLO y MaNa enfrentaron cinco iteraciones diferentes de AlphaStar, pero no les dijeron esto antes de los partidos. Al no saber lo que estaban a punto de enfrentar, pero al pensar que estaban jugando contra el mismo oponente que usaría la misma estrategia, las personas tenían una capa adicional de incertidumbre sobre sus decisiones que limitaban su micro y macro, haciendo que AlphaStar los derrotara por completo. En comparación, todos los torneos principales de "Starcraft 2" se realizan en un formato de mejor de tres, mejor de cinco o similar, precisamente para minimizar este tipo de explosión donde un jugador encuentra una estrategia de truco que sorprende al otro por sorpresa. Los partidos de la exhibición AlphaStar ni siquiera fueron remotamente justos por la misma razón por la que no enfrentamos a los atletas contra alguien que conduce un automóvil; las competencias tienen que ver con la habilidad y la ejecución, no con trampas descaradas.

Consciente de estos problemas, el equipo de DeepMind creó una nueva versión de AlphaStar que se vio obligada a usar el puerto de visualización y tenía su APM limitado aproximadamente al límite que los humanos podían alcanzar. En esas circunstancias, MaNa fue invitada a una revancha contra AlphaStar y, después de que la máquina peleara valientemente, corrió en círculos a su alrededor y la demolió por completo. La máquina fue lanzada en un bucle del que no podía salir porque, sin la capacidad de hacer trampa, simplemente no tenía la confianza para moverse y atacar donde era necesario para ganar.

Las primeras diez victorias fueron celebradas por el equipo de DeepMind en su blog oficial[44]. En una supervisión particularmente falsa, una imagen en esa publicación titulada "La distribución de los APM de AlphaStar en sus partidos contra MaNa y TLO y el retraso total entre observaciones y acciones" muestra que el APM de TLO aumentó a 2.000, lo que significa que realizó 33 acciones por segundo. ¿Cómo es eso posible? Esa es la consecuencia de intentar emitir un comando que no se puede completar manteniendo presionada una tecla. La misma imagen también revela los 1.500 APM antes mencionados realizados por AlphaStar, todos los cuales fueron acciones razonables y útiles. Al enmascarar el rendimiento supremo de AlphaStar detrás de las tonterías de TLO, el equipo de

---

[44]https://deepmind.com/blog/alphastar-mastering-real-time-strategy-game-starcraft-ii/

DeepMind pintó una imagen de una máquina con un tiempo de reacción inferior que golpeaba decisivamente a un humano.

AlphaStar retrata una imagen bastante precisa del estado de las redes neuronales en este momento: son superiores cuando el campo de juego se inclina hacia sus puntos fuertes, pero rutinariamente pierden ante el rendimiento humano si tienen que lidiar con la incertidumbre y adivinar en un campo de juego nivelado. Las coincidencias del show AlphaStar produjeron algunos titulares de noticias, pero no infundieron confianza con respecto a futuros experimentos que también fueron engañados solo por el bien de la publicidad. Como recordatorio, una red neuronal AlphaGo, también hecha por DeepMind, ganó 4-1 contra Lee Sedol en una serie de partidos de Go en 2016.

Tenga cuidado con cualquier noticia extraña que prometa que la IA dejará a las personas sin trabajo o se hará cargo en alguna industria. Los editores de noticias están desesperados por los globos oculares e imprimirán lo que llame la atención, independientemente de si resulta ser extremadamente inexacto en retrospectiva. Los programadores de IA necesitan publicidad para su investigación, ya que eso significa mayores posibilidades de obtener una nueva ronda de financiación. En todos los casos hasta ahora, la tecnología nunca ha suplantado el esfuerzo humano, sino que simplemente lo ha mejorado. Piense en cómo está utilizando la tecnología en este momento – procesa sus comandos y obedece sus deseos en lugar de hacer lo que quiere.

Capítulo 12 – Seguridad Cibernética

¿Cuál es el modelo ideal de seguridad? Tomemos una bicicleta, por ejemplo– aseguramos bicicletas con candados, que requieren una clave (ficha física única) o conocimiento de la clave (contraseña) para desbloquearla. Las bicicletas también se pueden guardar en un cobertizo para esconderlas de la vista, lo que representaría la seguridad a través de la oscuridad. Entonces podemos tener una cámara instalada para ver si alguien está jugando con la bicicleta y si esa persona es alguien conocido, como un miembro de la familia, lo que equivale a un escaneo biométrico de los rasgos faciales.

Asegurar una bicicleta con veinte candados y cinco cámaras sería demasiado costoso y oneroso, por lo que el sistema de seguridad ideal es uno que sea barato pero lo suficientemente confiable como para disuadir o ralentizar al ladrón hasta el punto en que quede atrapado en el acto. Incluso si la bicicleta es robada, la idea es que el ladrón se esfuerce tanto que el crimen simplemente no valga la pena. Los mismos principios de asegurar cualquier objeto físico se aplican a la **seguridad cibernética**, un enfoque de seguridad integral para las computadoras.

El Internet como lo conocemos no es seguro en lo más mínimo, y *eso es por su diseño*. La única forma de lograr una apariencia de velocidad y confiabilidad en línea era permitir que cualquier persona se uniera a la red con puntos centrales de reenvío de datos para aliviar el tráfico, que son los ISP. Registrarse para acceder a Internet significa pagar por el equipo y una pequeña porción del ancho de banda de ese ISP y eso es todo – prácticamente no existen reglas más allá de eso porque no existe tal tecnología que pueda filtrar o analizar el tráfico en *tiempo real*. Sin embargo, los hackers informáticos y los tramposos seguirán siendo atrapados cuando menos lo esperan por equipos de análisis especializados que inspeccionan los patrones de tráfico basados en quejas y regulaciones. Por lo tanto, estamos en gran medida solos en línea, y los ISP simplemente se transmiten solicitudes de tráfico entre ellos sin mirar, como compañeros de clase que entregan cartas de amor.

Por lo tanto, cualquier tipo de seguridad cibernética se reduce a los destinos finales del tráfico de Internet que aseguran sus candados de bicicleta. La gran diferencia es que un ladrón de bicicletas tiene que, de una forma u otra, obtener acceso físico a la bicicleta, pero en el ciberespacio, un atacante puede estar presente en un millón de lugares a la vez, probándolos en busca de debilidades. Con la llegada de los dispositivos IdC, cada uno de ellos se convierte en una fuente potencial de poder informático que puede ser reclutado y utilizado para atacar a empresas, redes o simplemente a personas que robaron a un hacker informático de la manera incorrecta. Estos ataques ya están ocurriendo en línea y no falta mucho tiempo para que nos demos cuenta de su magnitud.

La red de botnets de Mirai[45] es un código especializado destinado a irrumpir en dispositivos IdC mal asegurados, como cámaras web, y vincular toda su potencia informática en una ola masiva de solicitudes sin sentido utilizadas para **DDoS** un sitio web, lo que

---

[45]https://www.csoonline.com/article/3258748/security/the-mirai-botnet-explained-how-teen-scammers-and-cctv-cameras-almost-brought-down-the-internet.html

significa que no puede responder a la solicitud de un usuario legítimo porque no hay forma de saber quién es parte de la botnet. ¿Cuál es el propósito de un ataque DDoS? Son útiles para noquear a la competencia o simplemente molestar a alguien. El propietario de un dispositivo IdC hackeado realmente no nota nada a menos que esté utilizando un software de análisis de red y lo esté mirando como un halcón, pero redes enteras pueden caer en todo Estados Unidos cuando cientos de miles de tales dispositivos se coordinan en un tsunami de solicitudes. Lo que esto significa es que está pagando por un dispositivo y acceso a Internet y energía para que algún tipo pueda liberarse de él y ganar dinero o simplemente ser una molestia.

En septiembre de 2018, un tribunal en Alaska dictó sentencia[46] contra tres creadores y operadores de la botnet Mirai que estaban alquilando la potencia informática a quien más pagaba. Cada uno de ellos recibió cinco años de libertad condicional, 2500 horas de servicio comunitario y una multa de restitución de $127.000. El FBI descubrió por primera vez lo que estaban haciendo en 2016 cuando los cortes de Internet masivos afectaron a todo EE. UU. Les advirtió que lo detuvieran, posteriormente entraron en pánico y rápidamente lanzaron el código fuente de la botnet al público para solicitar que numerosos imitadores comiencen a ejecutar sus botnets y ocultar sus hazañas. La brecha de tiempo implica que estaban trabajando para el FBI y probablemente renegaron o de alguna manera trataron de escapar del acuerdo.

No hay forma de tener Mirai sin los ingenuos propietarios de IdC que solo conectan el dispositivo y permiten todas las configuraciones predeterminadas. En particular, los hackers informáticos se dieron cuenta de que *las personas son perezosas* y, a menudo, solo usan el puerto, nombre de usuario y contraseña predeterminados para su dispositivo; los hackers siguieron probando Internet hasta que secuestraron un ejército considerable de dispositivos IdC que todavía funcionaban como esperaba el propietario, pero hicieron un pequeño

---

[46]https://krebsonsecurity.com/2018/09/mirai-botnet-authors-avoid-jail-time/

trabajo secundario cuando nadie estaba mirando. La solución obvia para esto es no ser perezoso y presionar un poco en la configuración, al menos cambiar el nombre de usuario y la contraseña a algo peculiar.

Sin la capacidad de recibir actualizaciones de software, los dispositivos IdC y sus versiones básicas del sistema operativo Linux son el objetivo perfecto para los intrusos hackers informáticos. Con Mirai, el malware de la botnet buscará otro malware que pertenezca a otros hackers e *intentará borrarlo* antes de reclamar el dispositivo IdC. Nunca lo notará a menos que esté observando, pero podría haber una guerra dentro de su dispositivo en este momento mientras los hackers luchan por la supremacía sobre su poder de cómputo. Restablecer el dispositivo IdC suele ser suficiente para eliminar la infección Mirai, aunque es probable que regrese de inmediato, por lo que una mejor solución es cambiar el nombre de usuario y la contraseña predeterminados para el dispositivo IdC a algo que pueda resistir un **ataque de fuerza bruta**, lo que significa que no debería ser fácilmente adivinable.

Elegir una contraseña segura no es tan difícil siempre que comprenda la probabilidad. El alfabeto latino posee 26 letras, con mayúsculas incluidas, por lo tanto 52 letras por contraseña. Luego, existen de cero a nueve números, lo que significa 62, y alrededor de veinte caracteres especiales, como subrayado, signo de interrogación, etc. En total, supongamos que puede elegir entre 82 caracteres para cada letra de su contraseña.

Si su contraseña tiene un solo carácter de longitud y un hacker informático tarda un segundo en probar cada combinación, le tomará 82 segundos forzar su contraseña por fuerza bruta. Si su contraseña tiene dos caracteres, ha elevado al cuadrado el número de combinaciones a 6.724, y nuevamente, si toma un segundo por cada suposición, el hacker ahora necesita 112 minutos. Una contraseña de tres caracteres llevaría 551.368 segundos o 153 horas; una contraseña de diez caracteres de longitud tardaría 159 *trillones* de días. Para usted, una contraseña que es solo un carácter más larga parece trivialmente más segura, pero las matemáticas muestran que es *exponencialmente* más segura.

Por lo tanto, la longitud de la contraseña es el mejor indicador de su solidez, y la prioridad es hacer que la contraseña sea fácil de recordar y escribir. Evite el uso de cadenas, como 123456, y palabras comunes, como "admin", "dios", "yo", etc. No utilice contraseñas sugeridas por otra persona o que vio en público, como en el cómic de XKCD[47]. No comparta contraseñas con ninguna persona porque nunca se sabe quién está escuchando y tampoco la escriba en ningún lugar, excepto en su campo de entrada, ya que los sitios web pueden rastrear y analizar la entrada del teclado para obtener ganancias monetarias. Las mejores contraseñas tienen algún tipo de historia, ya que así es como el cerebro humano recuerda las cosas; convierta alguna anécdota divertida o incómoda en una contraseña de 30 caracteres y permita que los hackers informáticos gasten su poder informático hasta el fin del universo.

Las contraseñas de suficiente longitud y complejidad deben ser a prueba de balas, pero lo que sucede es que las empresas que alojan servidores web con nuestras contraseñas tienden a juzgar mal la tenacidad y el ingenio de los hackers informáticos. Estas importantes empresas tienen que contratar conserjes, secretarios, mensajeros, cerrajeros y todo tipo de personal auxiliar que puede, en cualquier momento, violar la seguridad de muchas maneras. Los ejecutivos son típicamente caballeros mayores con una vida establecida, y ajenos a la seguridad cibernética, que a menudo ni siquiera saben cómo escribir un correo electrónico, por lo que descuidan la seguridad cibernética y simplemente continúan con su agenda. Creará una cuenta de correo electrónico con Yahoo y pensará que está a salvo porque es Yahoo después de todo, pero es todo lo contrario – *debido* a que es una gran compañía, los protocolos de seguridad tienden a ser más laxos que en las empresas más pequeñas que están desesperadas por mantener su reputación.

---

[47]https://www.xkcd.com/936/

Hablando de Yahoo, han infringido en 500 *millones* de cuentas de usuarios en 2014, y los hackers se han apoderado de nombres, números de teléfono y fechas de nacimiento[48]. Piense en el alcance de esa irrupción – los hackers informáticos deben haber tardado meses en extraer todos esos datos. La peor parte es que los oficiales de seguridad saben de esto, pero a menudo no cuentan con suficiente personal y los superiores les ordenan que no lo investiguen, porque entonces la compañía tendría que invertir dinero para detener los ataques y no podría fingir ignorancia cuando las demandas comiencen a llegar. A menudo también se firma un acuerdo de confidencialidad con la compañía, por lo que no se les permite hablar de ello incluso cuando saben que es una negligencia.

No existe absolutamente ninguna ventaja en utilizar una plataforma extensa, y deba buscar servicios reducidos y oscuros en todo lo que hace. Es contradictorio, pero funciona – distribuya sus cuentas en diversas pequeñas empresas de incógnito, de modo que perder el acceso a cualquier cuenta lo daña un poco, pero no lo arruina. Por cierto, no use su nombre, apellido, dirección o fecha de nacimiento reales en la dirección de correo electrónico o en el nombre de la cuenta, porque esa información puede ayudar a los hackers informáticos si llaman a soporte técnico y se hacen pasar por usted.

Facebook es otro punto importante de la seguridad cibernética. Las abuelas comparten recetas e historias devastadoras, los adolescentes comparten su última versión de un baile Fortnite, y los adultos jóvenes solo usan la función de chat para organizar eventos, pero todos son cómplices en hacer que Facebook sea inseguro *sin siquiera darse cuenta*. Facebook ha sido hackeado repetidamente porque la cantidad de usuarios presentes hace que sea fácil para los hackers esconderse entre la multitud y seguir intentándolo hasta que encuentren una debilidad. Además, Facebook obtiene casi todos sus ingresos de la publicidad, que solo funciona si existen funciones que

---

[48]https://finance.yahoo.com/news/yahoo-data-breach-stolen-passwords-191113081.html

las abuelas, los adolescentes y los adultos jóvenes usen a diario, lo que lleva a la **obsesión constante** por agregar nuevas funciones que hacen que la plataforma sea aún más insegura. Es un desastre total, y todas las plataformas exponen a sus usuarios a infracciones injustificadas de la privacidad porque se genera mucho dinero por obtener datos de almacenamiento, principalmente a través de teléfonos inteligentes.

Una instancia de dispositivos que generan un flujo constante de datos utilizables son los **metadatos** o datos despersonalizados. Por ejemplo, el odómetro de su automóvil muestra metadatos, que es la distancia recorrida. Técnicamente hablando, nadie puede saber a dónde condujo en función de cuánto cambió el odómetro, pero supongamos que el automóvil informa este cambio a una compañía de seguros de automóviles. De acuerdo, pero la aplicación de Instagram también informa su ubicación midiendo la intensidad de su señal de Wi-Fi en casa. Cuando estas dos compañías deciden coludir, y estos dos datos inocuos se unen, se vuelven mucho más valiosos porque generan contexto el uno al otro.

A medida que visita otros lugares, ingrese con las aplicaciones de redes sociales, cargue contenido, etiquete a otros y sea etiquetado con su teléfono inteligente, su itinerario se llena de puntos de datos que informan de forma rutinaria a la base para su catalogación y análisis.

Este tipo de recopilación y análisis de metadatos no viola las leyes de escuchas telefónicas y, con toda probabilidad, es perfectamente legal, si es inmoral. ¿Por qué no lo harían las empresas? Es dinero gratis. Cuantas más fuentes de metadatos se agregan, más completo se vuelve el seguimiento. Después de cierto punto, la idea es que una red neuronal analice los metadatos para predecir *cuándo* una persona está a punto de salir de su casa y qué va a hacer, presentando la publicidad correcta en algún lugar del camino.

Todas las redes sociales, incluidas Instagram y Snapchat, son culpables de manipular psicológicamente a sus usuarios para mantenerlos pegados a sus teléfonos inteligentes e interactuar con el contenido, lo que genera metadatos e ingresos publicitarios. Es una carrera desesperada por tomar tanto dinero como sea posible hasta que el público en general se rinda por completo en las redes sociales. Idealmente, no utilizará ninguna aplicación que requiera permisos completos que esencialmente conviertan su teléfono inteligente en un dispositivo de espionaje, como Instagram, a menos que esté ganando dinero con él.

La parte complicada es convencer a amigos y familiares de que dejen de utilizar estas plataformas y aplicaciones; están diseñados para ser adictivos para que el usuario sirva como una publicación de escucha para la plataforma. En otras palabras, si hay un grupo de 50 personas que tienen números de teléfono y direcciones de correo electrónico en sus teléfonos inteligentes y solo uno de ellos tiene instalada la aplicación de Facebook, Facebook ahora solo tiene números de teléfono y direcciones de correo electrónico de las *50 personas* que no tienen idea de que se ha infringido en su privacidad. No tener una cuenta no significa que no esté siendo rastreado e intentar aislarse de la plataforma tampoco funcionará. Todos deberíamos involucrarnos en educar a las personas sobre los riesgos del uso de las redes sociales y ayudarlas a liberarse de la adicción.

Sin embargo, ¿cuál es el valor de escuchar la conversación de Joe y Jane sobre pastelillos? ¿Cómo puede Facebook posiblemente ganar más de $50 mil millones al año recolectando esta trivialidad aparentemente inútil de nuestras vidas? Eso es gracias a la curiosa propiedad de los datos que lo hacen cada vez más valioso a medida que se acumula. Cada nuevo dato, aunque no tiene sentido por sí solo, *brinda contexto* a todos los demás datos y, a medida que el banco de datos sigue creciendo, se vuelve cada vez más valioso. Al final, existen tantos datos en un lugar que se convierte en un agujero negro, absorbiendo todo y doblando la realidad. Esto es lo que se denomina **macrodatos.**

Capítulo 13 – Macrodatos

Es difícil comprender la gran escala de macrodatos, así que reemplacemos 0 y 1 con un objeto físico, como una carta escrita a mano. Imagínese dirigiendo un negocio que permita a los clientes dejar sus cartas manuscritas y recuperarlas después de un tiempo, como una especie de cápsula del tiempo. Es una idea pintoresca, pero divertida, y finalmente se siente orgulloso de estar a cargo de su empleo; por supuesto, sus amigos y familiares son sus primeros clientes. La privacidad está garantizada y bajo ninguna circunstancia mirará el contenido de las cartas. Estima que manejará algunas cartas al mes, por lo que cobra un precio modesto y configura un archivador con un candado sólido en una unidad de almacenamiento. También escuchó sobre esto en SquareSpace en un podcast que disfruta con frecuencia, así que se registra y crea un sitio web simple, pero funcional. Es ahí cuando le impacta el éxito.

Por alguna razón, es su negocio el que atrae primero cientos, luego miles y luego cientos de miles de nuevos clientes al mes. Están más que dispuestos a pagar el precio solicitado y usted está nadando en dinero hasta el punto de que puede ofrecer almacenamiento gratuito solo para atraer a más clientes. Pronto tendrá que contratar una flota de camiones para entregar cartas y un ejército de personas para organizarlas. Los candados solo le cuestan miles de dólares cada día, pero son el menor de sus problemas; tiene algunos problemas que no puede resolver sin importar cuánto dinero invierta.

Los equipos de ingenieros y matemáticos tienen que calcular las formas más eficientes de almacenar y recuperar cartas, pero también existe el riesgo de incendio, ya que demasiado papel seco y fricción en un lugar hace que las cosas se quemen espontáneamente. Los insectos mastican el papel almacenado, el peso de las letras hace que los cimientos de sus almacenes comiencen a asentarse, y los lugares que está alquilando pronto son tan extensos que desarrollan su propio microclima. Estos son los tipos de problemas *que no* se mencionaron en la universidad.

Su negocio continúa creciendo sin un final a la vista, y ninguna cantidad de prensa malintencionada puede detenerlo. Las estrellas se han alineado y usted está en la cima del mundo. Muy pronto, las compañías que le ofrecen un trato lo contactan – le pagaremos mucho dinero si nos brinda información sobre los datos agregados relacionados con las letras, es decir, de dónde provienen, de qué papel están hechos los sobres, cuánto pesan, entre otras cosas.

Revelar estos datos no infringe en la privacidad de sus clientes ni revela el contenido de las cartas, por lo que técnicamente *sus clientes no tienen que saber nada sobre eso*. Usted acepta, y pronto está ganando miles de millones de dólares al año además de lo que paguen sus clientes porque estos datos se pueden utilizar para determinar quién escribe qué y por qué *con un alto grado de certeza*. Entra en nuevos mercados y accidentalmente colapsa o renueva economías enteras; las personas organizan protestas contra usted, intentan hackear su sitio web, le envían amenazas, chantajes y demandas judiciales. A lo largo de todo esto, una variable es constante – las letras siguen acumulándose.

Descrito en términos de un negocio que trata con un producto palpable, esto es macrodatos, un negocio que de alguna manera acumuló una enorme cantidad de información privada hasta el punto en que los dos se volvieron inseparables, y estos datos recopilados accidentalmente *son una fuente de ingresos por sí mismos*. Implica el tipo de negocio que ha crecido mucho más allá de lo que se haya visto en el mercado, ya que generalmente es un esfuerzo global, en el que cualquier empresa puede convertirse fácilmente en estos tiempos. Gracias a las redes sociales y la interconexión viral entre usuarios, cualquier arranque puede convertirse en un gigante tecnológico solo porque una cantidad crítica de usuarios pensó que la idea, el nombre o el logotipo eran lo suficientemente divertidos.

La escala de macrodatos se puede describir mejor como "masiva al poder de enorme", y no existe forma de predecir todas las consecuencias, buenas o malas, que surjan de ello. En cierto sentido, la empresa y los datos adquieren vida propia. Es imposible medir, asegurar o controlar los macrodatos, por lo que la compañía a cargo simplemente cruza los dedos y prepara una línea de comunicados de prensa para cuando ocurra lo peor, que es justo después de que los hackers informáticos noten el ascenso meteórico de la compañía y comiencen a asediarlo.

Macrodatos es un objetivo atractivo para estafadores, hackers y acosadores que no tienen nada mejor que hacer que hacer perder el tiempo a otras personas. Pasando por alto dentro de un área gris legal, estas personas pueden tener objetivos modestos, como tratar de averiguar el número total de clientes y utilizar métodos simples, como indagar en los desechos de la empresa para encontrar memorandos eliminados. Si se encuentra uno de estos, el membrete puede escanearse e imprimirse como una carta falsa de un ejecutivo que solicita fondos o información que algún pasante debe cumplir en algún momento. Los atacantes casi no tienen repercusiones, por lo que son libres de persistir hasta que encuentren una oportunidad y luego se acabe el juego. Mientras tanto, las cartas siguen llegando.

La compañía tiene que tomar una decisión – asegurar todos los almacenes de todas las vías de ataque es imposible e incluso puede hacer que la compañía quiebre. En cambio, la compañía tratará de minimizar su responsabilidad legal y la *vulnerabilidad a las demandas de los clientes* reparando los defectos más evidentes. La confidencialidad desempeña un papel importante en la protección de macrodatos, por lo que todos los empleados tienen la obligación de realizar una rigurosa capacitación en seguridad, en la que básicamente se les indica que pueden esperar que los hackers informáticos los rastreen y vigilen para obtener información sobre la empresa.

Los macrodatos y el éxito empresarial incontrolado no pueden existir uno sin el otro y, de hecho, se basan el uno en el otro. Los macrodatos permiten a la compañía analizar en profundidad el comportamiento del cliente para abrir nuevas incursiones, principalmente relacionadas con la publicidad, y aprovechar su dominio del mercado para crear nuevas tendencias. A veces, la compañía experimenta una cuota de mercado cada vez más estrecha y comienza a entrar en pánico, reinventando la rueda para seguir siendo relevante. Se agregan nuevas características, existe un aumento temporal en el interés del usuario, pero posteriormente el compromiso se reduce a niveles anteriores; este proceso se repite hasta que los gerentes se rinden o la empresa quiebra. Por lo tanto, la compañía comienza a asimilar lentamente la pérdida, lo que puede llevar años o décadas, tiempo durante el cual los clientes no son conscientes de la lucha detrás de escena. Esto es lo que sucedió y sigue sucediendo con Yahoo.

¿Qué sucede con los macrodatos después de que la empresa cierra? Puede haber requisitos legales para que los datos se destruyan, pero todo depende de la vigilancia de la empresa y sus usuarios. Una vez que una empresa cierra, los macrodatos están muy por debajo de la lista de prioridades, por lo que cualquiera que pueda tenerlo en sus manos puede distinguirse como un criminal que vende datos en el mercado negro. Además, existe mucha incertidumbre legal sobre ello – si la empresa está ubicada en California, posee seis unidades de almacenamiento en Suecia, India y Nepal, y mantiene los datos que pertenecen a un cliente canadiense en los seis, ¿qué leyes de privacidad debería obedecer?

No existe un protocolo para tratar con Macrodatos y las empresas no presionan para que se siga uno; simplemente piensan en ganar dinero y crecer tanto como sea posible, sin importar la privacidad. Depende de los clientes actuar y esforzarse por recuperar o eliminar sus datos a su cargo. Una vez que los datos están a la vista, ya no hay forma de ocultarlos, y puede seguir propagándose hasta el final de la eternidad. Si las empresas no están interesadas en los estándares de privacidad y los usuarios no se preocupan por ello, existe una gran oportunidad para que todo tipo de personas malintencionadas intervengan y realicen lo que quieran con los datos y todos los sistemas subyacentes.

El robo de identidad se convierte en un problema real y, como sabe cualquiera que haya tenido que lidiar con funcionarios del gobierno – eso es casi imposible de resolver de manera oportuna. Debido a que las empresas en línea dependen unas de otras para mantener la seguridad a fin de reducir costos, los hackers informáticos simplemente tienen que encontrar el enlace más débil y romperlo, que generalmente son macrodatos. Los hackers informáticos no solo pueden cometer un delito, sino también obtener el chivo expiatorio perfecto, que ahora tiene que limpiar todo el desorden.

Los macrodatos nos muestran que el entrelazamiento fortuito de mundos digitales y analógicos conlleva algunas consecuencias desafortunadas, por decirlo de un modo menos dramático. Un dato curioso sobre los macrodatos es que se *acumula contra la voluntad* del dueño del negocio y quizás incluso de sus usuarios. En cierto sentido, tiene una fuerza gravitacional propia que es imposible de resistir. Con los productos digitales convencionales, al menos teníamos algo que decir sobre si queremos participar; con IdC, no tendremos más remedio que participar agregando nuestra aportación a los macrodatos.

Capítulo 14 – Inteligencia Corporativa

Dirigir un negocio implica tomar muchas decisiones, algunas de las cuales tienen un impacto masivo e inmediato en la compañía, pero la mayoría de las cuales solo brindan resultados meses o años después de que se haya completado. El problema es que no existe forma de saber cuál es en el momento de la deliberación. Cada acción y cada sistema relacionado con la empresa deben gestionarse con el mismo cuidado o cuando se detecte un pequeño agujero en la presa, cuando existe un diluvio, y todos solo pueden escabullirse para salvarse. Las personas a cargo de una compañía se encuentran en un frenesí constante para tomar las mejores decisiones a corto y largo plazo basadas en datos, y puede notarlo en su comportamiento, mostrando una especie de resolución acertada y sin sentido para escuchar números más que cualquier otra cosa. Entonces, ¿cómo toman las decisiones los empresarios?

La **inteligencia corporativa** se refiere a la idea de recopilar datos para tomar decisiones a nivel ejecutivo. Existen dos niveles de significado en esta frase que se ajustan tan perfectamente que debe haber sido intencional –la inteligencia corporativa puede implicar explorar territorio hostil o desconocido para recopilar datos, como con la inteligencia militar, o puede implicar tomar decisiones inteligentes con los datos conocidos actualmente, como en tener inteligencia sobre la gestión de un negocio. En ambos casos, se trata de intentar determinar qué acción es más probable que produzca la supervivencia y el crecimiento de una compañía.

Ya sea que una patente sea defendible y a qué costo, o si un determinado diseño de producto atrae a la demografía involuntaria, los empresarios deben estar al tanto de todo. Esto ahora es posible gracias a las herramientas inteligentes que pueden ayudarles a recopilar y procesar más datos para tomar mejores decisiones para la empresa. Esto incluye datos provenientes de las operaciones de la compañía, así como también los que provienen del mercado, que se complementan entre sí y brindan nuevos conocimientos sobre las tendencias. Los gráficos circulares, los gráficos y las hojas de cálculo son originarios de este entorno, y los empresarios los aprecian a todos – ya que eliminan toda la jerga y la palabrería sin sentido para revelar los fundamentos subyacentes.

Los sistemas de hardware y software relacionados con la inteligencia corporativa proporcionan vistas pasadas, actuales y futuras de los desarrollos comerciales, a menudo utilizando flujos de información procedentes de macrodatos. ¿Recuerda esa oferta hecha al dueño de la compañía de almacenamiento de cartas? Tan pronto como un ejecutivo de negocios se percate de que existe una gran cantidad de datos a tener en cuenta, él o ella pagarán un buen dinero para acceder a ello, lo que llevará a todos los demás ejecutivos de negocios a buscar el mismo objetivo. Mientras los métodos de recopilación de datos no sean completamente ilegales, los empresarios reclamarán esos datos sin pensarlo dos veces y avanzarán al próximo método escandaloso que les brinde la más mínima ventaja sobre la competencia. No hay ganadores morales en el mundo de los negocios; solo perdedores morales.

Para una persona común, este tipo de mentalidad es completamente ajena porque carece de compasión y piedad. Los empresarios hacen lo que sea necesario para generar ingresos y proteger legalmente a la empresa mientras mantienen su trabajo. Si esto incluye pasar por la basura, encontrarán equipos para hacerlo. Si la gente necesita ser despedida, eso va a suceder. Si es necesario abrir talleres de explotación atendidos por niños en el sudeste asiático, estarán funcionando en un día. Solo los empresarios más eficientes y despiadados sobreviven en la cima y, aunque pueden sonreír, tienen una sujeción de hierro que es tan inquebrantable como una trampa para osos. Ocasionalmente, se hacen concesiones al público en general, pero solo mientras la empresa no necesite estrictamente ese dato en particular. Incluso las compañías más amigables se revelan eventualmente como mercenarios de sangre fría.

En enero de 2019, Google anunció que Google Chrome limitaría lo que las extensiones pueden hacer, eliminando efectivamente extensiones útiles, como las de bloqueo de anuncios, de raíz. Para ser más precisos, se modificó la versión original de Chrome llamada Chromium, lo cual es un gran problema, ya que Chromium está siendo utilizado por diferentes navegadores web, incluido Microsoft Edge. Existe una historia detrás de esto, que presentamos a continuación.

En 2008, Google lanzó públicamente Chromium, un navegador de **software libre**, lo que significa que cualquiera puede descargar, usar, revisar, copiar y editar su código. Ese mismo día también se lanzó Chrome, que es una versión de **software restringido** de Chromium, lo que significa que contiene algunas adiciones que nadie conoce. A diferencia de Chromium, Google no es amable con las personas que realizan ingeniería inversa o editan Chrome. En 2015, la gente se percató de que había algunas adiciones inusuales a Chromium, revelando la existencia de un módulo de seguimiento llamado "Hotword". Examinar las opciones de Chrome reveló que Hotword estaba allí. Supuestamente escucha las palabras "Ok, Google" para activar una búsqueda por voz usando un micrófono, pero es imposible saberlo porque Chrome es un software restringido.

Entonces, en enero de 2019, Google finalmente confirmó sus planes [49] de añadir extensiones de bloqueo de anuncios con poder absoluto y lentamente eliminarlos. Todavía seguirán presentes de alguna manera, pero solo como una concesión simbólica para los usuarios. La explicación oficial es que estas extensiones tienen demasiada libertad, lo que afecta la privacidad y la velocidad, pero la razón real está más cerca del hecho de que los anuncios representan una gran proporción de los ingresos de Google y las personas que los bloqueaban usaban Chrome y otros productos de Google de forma gratuita.

Lo que hacen los anuncios es establecer una cookie, que es un pequeño archivo de texto utilizado legítimamente por los sitios web para saber si el usuario es nuevo o está regresando. A medida que navega por la web, cada anuncio establece su propia cookie, que crea un rastro de migas que muestra dónde ha estado. Durante un período suficientemente extenso, estas cookies publicitarias crean efectivamente un perfil publicitario único que muestra *quién es usted*. No es una exageración o alarmismo; las empresas publicitarias pueden hacerlo, y es mucho más fácil de lo que piensa porque las personas son en algunos aspectos realmente simples, como cuando se encuentran en un estado de relajación durante el uso de la computadora.

Los usuarios a menudo no tienen idea de ello a pesar de que está expresado en los "Términos de servicio" de casi todos los sitios web (busque palabras como "tercero", que revelan la existencia de compañías publicitarias que rastrean a los usuarios mientras navegan por la web). La función de una extensión de bloqueo de anuncios es bloquear la parte de la página web que debe mostrar el anuncio, bloqueando también la cookie. Esto ahorra ancho de banda, ya que el anuncio ni siquiera se le envía, reduce el tiempo de carga, elimina las distracciones y brinda privacidad adicional, todo en unos pocos

---

[49]https://www.theregister.co.uk/2019/01/22/google_chrome_browser_ad_content_block_change/

pasos simples. En resumen, hace que navegar por la web sea una experiencia más agradable, pero también hace que Google y todos los involucrados en el negocio publicitario no ganen tantos miles de millones como desearían.

A través de los anuncios, Google se enfrenta a una recaída: las personas pagan a Google para publicar anuncios y los usuarios proporcionan macrodatos que se pueden aprovechar para obtener ingresos adicionales. Mientras tanto, los usuarios se están acostumbrando a un navegador web que se vuelve cada vez más intrusivo a medida que pasa el tiempo. ¿Qué haría, cambiar a otro navegador? Opera y Brave ya están basados en Chromium, y Microsoft Edge está programado para cambiar en algún momento en 2019. Eso deja a Firefox, Safari y un par de navegadores sencillos.

Microsoft realiza algo similar a través de un concepto conocido como "adoptar, extender y extinguir". En esencia, la idea es adoptar un estándar abierto ampliamente utilizado en alguna industria, extenderlo con adiciones patentadas y posteriormente aprovechar el monopolio, en particular, el monopolio de Windows para extinguir la parte de los estándares disponibles libremente. Esto obliga a las personas a incomodarse a sí mismas al intentar crear sus propias herramientas o simplemente cambiar a la versión de paga de Microsoft. Es brutal, despiadado, inmoral y funciona perfectamente. Eso es inteligencia corporativa.

No estamos destinados a utilizar sitios como Facebook, Youtube y Google de forma gratuita. El cliché es que "si es gratis, usted es el producto", pero la forma más conmovedora de decirlo sería "si es gratis, está pagando con sus datos". La solución al monopolio del gigante tecnológico sería utilizar alternativas gratuitas a todos sus productos. Para un motor de búsqueda, use DuckDuckGo, Firefox o una de sus extensiones para navegar en la web y Open Office en lugar de Google Docs o Microsoft Office. Al cambiar a productos menos comunes, a la larga se hará un favor a sí mismo.

Capítulo 15 – Realidad Aumentada

El siguiente paso lógico después de IdC es la **realidad aumentada** (AR), que se refiere a la idea de superponer el mundo digital sobre lo físico, con mayor frecuencia usando gafas o sombreros para la visualización. Según la visión del futuro de un artista[50], las calles regulares de la ciudad vistas a través de AR se convierten en flujos hiperrealistas de color e información, haciendo que incluso las acciones más simples sean interesantes y memorables. En un mundo con AR ubicuo, solo los más pobres de los pobres se involucrarán en acciones mundanas, como ir al centro comercial, mientras que los más ricos disfrutarán de la mejor experiencia de AR en el hogar. La noción desagradable de una división social acentuada por la tecnología moderna fue dolorosamente obvia cuando Google lanzó por primera vez sus gafas AR llamadas "Google Glass" en 2013.

Google Glass se mostró por primera vez en un video en 2012 [51] con música suave y optimista que promete un mundo mejor donde podemos pasar el rato con amigos, aprender el ukelele en un día y

---

[50]https://www.youtube.com/watch?v=YJg02ivYzSs

[51]https://www.youtube.com/watch?v=9c6W4CCU9M4

compartir las puestas de sol en la azotea con nuestros seres queridos; las parodias llegaron rápido, y fueron ingeniosas e implacables[52]. Sergey Brin pensó que el video teaser era demasiado dócil, por lo que unos meses después, los paracaidistas con gafas de Google aterrizaron en la parte superior del auditorio de Google, donde se celebraba una conferencia de desarrolladores para correr por el techo en bicicleta y bajar en rappel al escenario a una reacción de éxtasis de todos los presentes[53]. Los periodistas que obtuvieron un par de gafas hablaron sobre lo geniales que eran, y todos, desde diseñadores de moda hasta el Príncipe Carlos, fueron vistos usando un par hasta que estuvieron disponibles para el público en general, momento en el que rápidamente fueron arrastrados bajo la alfombra, y la idea fue aplazada ¿Qué sucedió?

Bueno, Google Glass fue el último recordatorio de lo aburrida, insípida y mediocre que es la mayoría de la gente. No había forma de saber si el usuario de Google Glass se estaba riendo de nuestra broma o algo que acaba de ver navegando en Internet mientras pretendía escucharnos. Peor aún, las personas que usaban Google Glass daban la impresión de que eran turistas en un safari y pasaban tiempo con nosotros solo para obtener contenido más vergonzoso o divertido para sus canales de medios sociales. Las personas que usaban Google Glass fueron atacadas en la calle, expulsadas violentamente de bares o se les pidió que abandonaran los restaurantes; Google Glass aparentemente violó las leyes de escuchas telefónicas hasta el punto en que los gobiernos locales comenzaron a prohibirlas explícitamente, por lo que Google les pidió a los usuarios que evitaran ser "glassholes"[54] y silenciosamente escondieron la idea hasta un momento mejor.

---

[52]https://www.youtube.com/watch?v=-KmFSmkDyr8

[53]https://youtu.be/D7TB8b2t3QE?t=273

[54]https://sites.google.com/site/glasscomms/glass-explorers

Google Glass posee un uso real, pero el dispositivo por sí solo no es apto para el consumo público. En un entorno cerrado con una comunidad muy unida, como el campus de Google, Google Glass ayuda a los empleados y ejecutivos a recuperar datos contextuales sin apartar la vista del entorno para mirar un portapapeles o un teléfono inteligente. Por ejemplo, un ejecutivo de Google que se reúne con 50 nuevos empleados por primera vez puede usar Google Glass y hacer que muestre su nombre, ocupación, habilidades y talentos gracias al reconocimiento facial mientras habla con ellos. Tenga en cuenta las condiciones para un uso eficiente: un entorno cerrado y controlado con usuarios confiables donde la productividad se pierde debido a la falta de datos contextuales.

En 2018, Google intentó revivir Glass como "Google Lens"[55], solo que esta vez se incorporó a Android y usó la cámara del teléfono inteligente. Entonces, ahora el contexto es completamente diferente y apuntar un teléfono inteligente hacia algo ya es una práctica aceptada que probablemente no expulsará al usuario de los restaurantes. Google Lens en combinación con Google Maps puede hacer que aparezca una guía virtual en la pantalla del teléfono y guiar al usuario por el camino hacia su destino[56], pero también puede traducir el texto visto a través de la cámara o comprender objetos para mostrar definiciones y contenido relacionado. Sin embargo, ¿qué sucede si un dispositivo AR es demasiado bueno y no podemos dejarlo?

En noviembre de 2018, Google lanzó la herramienta Digital Wellbeing que ayuda a los usuarios de Android a controlar el tiempo que pasan usando su teléfono inteligente[57], con un desglose detallado del tiempo entre las aplicaciones y la opción de limitar el tiempo

---

[55]https://www.cnet.com/news/google-lens-google-glass/

[56]https://www.cnet.com/news/three-ways-google-maps-just-got-better/

[57]https://www.cnet.com/news/google-rolls-out-digital-wellbeing-tool-to-help-limit-screen-time/

dedicado a cada aplicación o incluso apagar el teléfono cerca de la hora de acostarse o durante la cena. Apple y Facebook también comenzaron esfuerzos similares en 2018, lo que indicaría que los gigantes tecnológicos en realidad coordinan estas iniciativas detrás de escena. Para los videojuegos, sin embargo, es socialmente aceptable estar inmerso en su propio mundo digital.

"Pokemon Go" es una aplicación AR que logró el éxito mundial en 2016 y permitió a todos pretender estar en un mundo un poco más brillante de lo que normalmente es. El desarrollador pronto dejó caer la pelota en el aspecto técnico de las cosas, pero esos pocos meses fueron lo más cerca que estuvimos de la paz mundial, ya que la gente organizaba espontáneamente lugares de reunión y amistosas batallas de Pokémon en medio de la noche en parques y plazas de la ciudad. La aplicación "Pokemon Go" permite al usuario mirar el mundo a través de la cámara del teléfono inteligente para ver Pokemon y capturarlos a través de un simple mini-juego. Los micropagos se utilizan para comprar artículos como comida digital de Pokemon, lo que hizo que la aplicación generara un total de $3 mil millones a diciembre de 2018.

La aplicación "Pokemon Go" utilizó la ubicación del teléfono y la información de la cámara para generar e interactuar con Pokemon. Esto significaba que los jugadores eran rastreados y espiados, pero aceptaron voluntariamente porque el revuelo era demasiado fuerte para resistir. Surgieron problemas cuando algunos jugadores causaron accidentes al usar la aplicación mientras conducían y crearon una molestia pública para las empresas donde se generaron Pokemon. Hubo asaltos a plena luz del día cuando los jugadores de "Pokemon Go" quedaron hipnotizados por la aplicación y se convirtieron en presas fáciles. Sin embargo, el juego demostró que la AR puede monetizarse, pero eso probablemente debería hacerse utilizando una propiedad intelectual existente en lugar de crear algo completamente nuevo.

Estos proyectos AR fallidos y exitosos revelan algunas nociones interesantes sobre los humanos. En primer lugar, somos seres visuales, y mientras alguien pueda engañarnos, nuestro cerebro nos seguirá. En segundo lugar, nuestro cerebro no puede funcionar sin una referencia previamente conocida, lo que significa que AR debería inspirarse en un entorno familiar o no tendremos idea de qué hacer con él. Finalmente, AR debería de alguna manera permitirnos tener nuevos amigos porque "Pokemon Go" logró un enorme éxito simplemente proporcionando una excusa para que las personas socialicen fuera de sus círculos arraigados.

Existen algunos problemas al tratar de hacer que AR sea ampliamente aceptable fuera de los videojuegos. Los jugadores pueden adaptarse fácilmente a AR, pero otros adultos tendrían que someterse a un entrenamiento extenso porque, bueno, generalmente no tiene una interfaz. Si pensaba que el soporte técnico es difícil en este momento, espere hasta que no existan botones para hacer clic o iconos para arrastrar, pero los usuarios frenéticos aún deseen obtener asistencia remota. Tendemos a pensar instintivamente cuando usamos un ratón y un teclado, pero una simple mirada a las personas mayores que están comenzando a usar computadoras muestra cuán difícil es aprender; sus cerebros ya están adaptados al mundo real porque así es como crecieron. Por lo tanto, es probable que los adultos intenten con AR a menos que sea el nivel de complejidad de "Pokemon Go", pero ¿qué sucede con los niños?

Los niños se adaptan rápidamente a cualquier entorno nuevo y absorben fácilmente nuevos conocimientos, ya sean computadoras, ciencias o deportes. Podría decirse que todo el intenso avance de la humanidad se debe al crecimiento de la población y al rápido intercambio de información, los cuales están mucho más allá de lo que han sido en la historia del mundo. Los niños entran en contacto con las nuevas tecnologías antes que nadie y se *convierten en genios* al usar la tecnología moderna mientras aún están en sus cunas.

Los niños que están entrenados para usar AR desde la edad más temprana indudablemente estarán por delante de sus compañeros y adultos en el uso de la información presentada a través de ella. Serán absorbidos en el mundo de AR porque, admitámoslo, no hay vuelta atrás una vez que experimentan la sensación de potencia ilimitada que viene con el manejo de dicha tecnología. La advertencia es que ese poder es realmente adictivo y que puede que no haya un adulto cerca para evitar que los niños se involucren demasiado, ya que *también estarán absortos en ello.*

¿Alguna vez ha evadido la hora de dormir para leer otra columna de noticias, jugar otra ronda de su videojuego favorito o simplemente hacer clic de manera ilimitada? ¿Alguna vez se sorprendió ignorando el mundo exterior para sumergirse en el mundo digital, simplemente porque es mucho más vibrante y emocionante? *Ya nos estamos convirtiendo en prisioneros digitales.* Estamos migrando al ámbito digital sin siquiera darnos cuenta de que nuestros cerebros se están reconectando lentamente, convirtiéndonos en simples conductos de flujos de información digital. La gracia salvadora es que todavía estamos involucrados en el mundo exterior y tenemos que interactuar con otras personas; la próxima generación podría hacer todo en línea, perdiendo habilidades sociales y la capacidad de cooperar para involucrarse por completo en el ámbito digital.

AR será quizás diez mil veces más inmersiva que un entorno que cualquier computadora de escritorio o dispositivo portátil pueda crear. Esto permitirá a los usuarios ser más productivos que nunca, creando nuevos contenidos multimedia con solo mover un dedo o enviando pagos con un movimiento ocular, pero solo si se encuentran en un entorno cerrado con usuarios confiables. De lo contrario, dejar que los niños entren en un mundo de AR sin la supervisión de los padres significa exponerlos a la inmundicia y a los depredadores de todo tipo, y AR empeorará todos los problemas virtuales, como el acoso cibernético.

Obviamente, se puede ganar dinero con AR, pero casi nadie sabe cómo convertir la tecnología en un flujo sostenido de ingresos. Incluso "Pokemon Go" experimentó una caída drástica en el número de usuarios una vez que las quejas por falta de actualizaciones aumentaron a una tendencia de descontento, y eso fue con una franquicia muy común impulsada por una campaña publicitaria masiva de boca en boca. Por lo tanto, cuando los inversores con dinero que gastar no saben qué hacer, siempre pueden comenzar a tirar millones de dólares en esfuerzos altamente especulativos en un intento desesperado de crear una experiencia digital totalmente inmersiva, que es la realidad virtual.

Capítulo 16 – Realidad Virtual

Con AR, será capaz de completar listas de compras deslizando su dedo frente al refrigerador o tocando la superficie de su escritorio sobre la cual una bombilla LED cercana proyecta un teclado. Para algunas personas, eso simplemente no es suficiente, y desean tener la experiencia digital más inmersiva posible en *este momento*. Durante los últimos 30 años, las personas han intentado fusionar el mundo digital y el analógico para crear la **realidad virtual** (VR), un mundo digital que *se siente* como el real. No importa cuánto dinero se invierta en proyectos de realidad virtual, nada parece estar funcionando; eso no significa que las personas con talento no lo intenten.

John Carmack, el legendario creador de videojuegos como "Doom" y "Quake", a menudo mencionó estar fascinado con la experiencia de holodeck de *Star Trek* como una de sus inspiraciones y cómo constantemente quería ofrecer la misma experiencia inmersiva al público en general. El libro sobre sus primeros trabajos con John Romero, *Masters of Doom: How Two Guys Created an Empire and Transformed Pop Culture*, está repleto de anécdotas sobre cómo hackear las computadoras de antaño para ofrecer el rendimiento deseado, pero una parte se destaca en particular – los multijugadores. Estamos fascinados con la idea de poder interactuar entre nosotros a distancia, ya sea a través de personajes pixelados o dispositivos IdC. Es cuando los dos Johns lograron hackear el modo multijugador en "Doom" cuando se aferraron a esta innovación para lograr la gloria eterna y comenzar una tendencia en los videojuegos que ha durado hasta nuestros días.

"Doom", en particular, fue una experiencia intensa, la cual utilizó imágenes, sonidos y acciones simples, pero efectivas, para transportar al jugador a un plano caótico lleno de criaturas demoníacas que invadieron una estación científica de Marte. No existía Kevin Spacey para pronunciar discursos desmotivadores en alta definición o alucinantes cinemáticas de una estación espacial; era simplemente un puerto de observación toscamente dibujado con una mano sosteniendo un arma y mucha sangre. Por alguna razón, *funcionó*. "Doom" se convirtió en un fenómeno que cautivó a todos, desde los niños, que esquivaron la escuela para jugar durante horas, incluso los militares lo usaron para practicar sus reflejos y la coordinación en equipo.

"Doom" realmente conectó e igualó a personas de todo el mundo de una manera que ninguna tecnología ha hecho antes o desde entonces. En una partida multijugador en "Doom", todos son iguales cuando se ven a través de la mira, y lo único que importa es la participación en la masacre. Hasta ese momento, los videojuegos eran principalmente un asunto nerd para las personas que querían una sesión de juegos de rol y juegos de papel sin tener ningún amigo para tirar los dados. Después de "Doom", los videojuegos se pusieron de moda y los diseñadores de juegos fueron repentinamente personas que hicieron millones y condujeron autos increíbles; hoy en día, incluso las mamás y las abuelas pueden jugar libremente "Candy Crush" o "Hay Day" sin que nadie se preocupe. Para tener éxito, las industrias de AR y VR deben tener su momento "fatal", algún punto de inflexión que no solo hará que la tecnología sea ampliamente accesible, sino que también conecte a las personas de una manera que iguale a todos.

La industria de los videojuegos es un negocio masivo que puede lanzar fácilmente nuevos gadgets e ideas a una multitud de jugadores ansiosos de entretenimiento, y John Carmack lo sabía instintivamente. Cada jugador es un inversor en la tecnología, y hoy en día hay demasiado dinero invertido en videojuegos que ofrecen películas y música *combinadas*. El futuro de IdC, AR y VR está en la **ludificación**, lo que significa que todo lo que hagamos será rastreado, etiquetado y calificado, y *amaremos este sistema* porque eso es a lo que responde el sistema límbico. Comenzando con niños que se verán atraídos por vastos mundos virtuales donde se les enseñará un comportamiento "correcto", las generaciones futuras en la ludificación probablemente crecerán bajo los auspicios de algoritmos y máquinas. China ya adoptó este concepto y está calificando a sus ciudadanos en función de su comportamiento para llegar al "buen puntaje ciudadano" que está programado para servir como una calificación integral de la utilidad de una persona para la sociedad.

Más tarde, Carmack dejará la compañía de videojuegos que ayudó a construir y se aventurará en busca de la mejor experiencia de holodeck. Eventualmente unirá fuerzas con otros ingenieros, y comenzarán a trabajar en lo que ahora se conoce como Oculus Rift, un auricular VR que Facebook comprará por $1 mil millones para reinventar la forma en que usamos las redes sociales. Es un gran objetivo, pero la tecnología está lejos de ser ampliamente utilizable; podemos hacer un auricular VR funcional en este momento, pero el problema está en la logística. Por ejemplo, a diferencia de los videojuegos tradicionales, en una experiencia de realidad virtual es principalmente el usuario quien mira y se queda quieto. Incluso cuando hacemos un videojuego de realidad virtual funcional con movimiento, ¿cómo evitamos que el usuario se tropiece con cosas o arroje lámparas?

Un auricular VR convencional requiere una disposición minuciosa de sensores fijos alrededor de la habitación antes de su uso, con un área reservada para el movimiento. Estos sensores emiten rayos láser constantemente en los auriculares para descubrir su orientación y posición en la habitación, lo que se traduce en movimiento de realidad virtual. Ahora el usuario puede dar algunos pasos de cualquier manera, pero ¿cómo se mueve por el pasillo de realidad virtual? Al usar dos controladores Nunchuck y presionar los botones, significa que la mejor experiencia de realidad virtual en el mercado en este momento todavía está apenas por encima del juego de consola tradicional, pero cuesta al menos cinco veces más. Ah, y un auricular VR no puede funcionar sin una computadora de escritorio robusta que pueda abarcar toda la gama.

Al analizar cuántos adultos jóvenes viven esencialmente en niveles de pobreza, lo que incluye vivir en apartamentos de caja de zapatos donde esencialmente no existe suficiente espacio como para estirar los pies[58], una experiencia de realidad virtual como esa es simplemente inalcanzable. Lo más cerca que estarán de la realidad virtual es ver a alguien más hacerlo en YouTube o pagar un par de dólares por unos minutos en una montaña rusa de realidad virtual en un centro comercial. La tecnología de realidad virtual es demasiado costosa, complicada y ociosa para ser disfrutada por todas las personas. En comparación, la experiencia "Doom" era accesible instantáneamente para cualquier persona con una computadora que pudiera tomar unos minutos de tiempo libre, e incluso el modo multijugador se podía hacer localmente, sin acceso a Internet.

Así mismo existe algo en la visión humana que no se consolida con el uso del casco VR durante un período prolongado, y que causa dolores de cabeza y náuseas. Las gafas de realidad virtual tienen una frecuencia de actualización al igual que los monitores, por lo que parece que los problemas son causados por un desajuste entre la frecuencia de actualización en nuestro centro óptico del cerebro y lo que muestran las gafas, lo que plantea la pregunta – ¿cuál es la frecuencia de actualización del centro óptico de todos modos? Ahora estamos tratando esencialmente de hackear el cerebro *sin entender*

---

[58]https://www.youtube.com/watch?v=Q4FoAr8i26g

cómo funciona. Experimentar con estas cosas podría causar un daño desmedido a largo plazo a una generación independiente en realidad virtual, ya que desconocerán que algo está mal hasta que ya sea demasiado tarde para revertir el rumbo. Entonces, ¿cómo resuelven este problema los fabricantes de cascos de realidad virtual? Simplemente evitándolo por completo.

Feelreal[59] es un auricular VR portátil que promete la capacidad de detectar aromas en videojuegos y videos. El principal problema es que solo funciona con un número limitado de juegos compatibles, uno de los cuales es Skyrim, un hack & slash de fantasía de mundo abierto, y un par de videos. Por lo tanto, no existe mucho contenido, que es el mismo problema que desfasó ambiciosos televisores de fabricantes mucho más acreditados. Aparentemente, Feelreal funciona leyendo rastros de aroma que están incrustados en los datos del video para liberar oleadas de aromas del archivo adjunto que contiene nueve cápsulas de 255 disponibles. Feelreal también promete una experiencia precisa de viento, lluvia, calor y vibraciones, con un peso de 7 onzas o aproximadamente 200 g, con una duración de batería de cuatro horas.

Feelreal es un auricular de realidad virtual convencional que intenta ganar dinero con la tendencia, pero en realidad no *resuelve ningún problema.* Hemos estado dando vueltas en círculos tratando de crear realidad virtual durante al menos 40 años, y nadie, excepto Carmack, nos acercó más a ella. De lo que Carmack se percató es que nuestro hardware no es lo suficientemente potente como para crear el equivalente de una holodeck, y mucho menos una cuya fidelidad gráfica brinde satisfacción.

Carmack aspiraba a una inmersión completa en el mundo digital, como en la película *The Matrix*, pero parece que deberíamos bajar el listón considerablemente y simplemente encontrar lo que funcione en lugar de aspirar al elevado objetivo de la perfección gráfica. No

---

[59]https://feelreal.com/

podemos igualar lo que los escritores de ficción pueden producir, por lo que la opción razonable es centrarse en producir lo que funciona en *este momento*. Existe una razón por la cual Carmack mencionó *Star Trek* como inspiración; todas nuestras nociones sobre la realidad virtual provienen de la cultura popular, como las películas, así que analicemos este tipo de medios para observar qué acertaron sobre la realidad virtual.

En 1992, fuimos sorprendidos con The Lawnmower Man[60], una película de terror de ciencia ficción psicodélica protagonizada por Pierce Brosnan, en la que un niño de mente débil se involucra en experimentos secretos que involucran realidad virtual, convirtiéndolo en un genio homicida. En la película, el indefenso niño está atado a una centrífuga y se gira frenéticamente para fusionar su mente de alguna manera con el ciberespacio, lo que genera algunas imágenes espectaculares, pero sus guionistas no tenían idea de cómo o por qué funciona la realidad virtual. Cualquier intento de AR o VR buscará *minimizar* el movimiento del cuerpo ya que incluso la más mínima discrepancia entre el movimiento percibido y el real causará inevitablemente mareos y claustrofobia.

El año 1999 nos trajo *The Matrix*[61], una trilogía fantástica que presenta a un joven hacker, Neo, que descubre que el mundo en el que ha estado viviendo durante toda su vida es completamente artificial, y en realidad se mantiene vivo en una cápsula con forma de útero, donde las máquinas drenan el calor del cuerpo de la humanidad por energía o algo similar. A pesar de brindarnos el término "tomar la píldora roja", la trilogía es muy escasa cuando se trata de explicar cómo o por qué funciona la realidad virtual. Los detalles técnicos son una vez más el talón de Aquiles de la historia, pero un detalle curioso que se destaca en la trilogía es que los humanos están conectados a la Matriz a través de un conector en la

---

[60]https://www.imdb.com/title/tt0104692/?ref_=fn_al_tt_4

[61]https://www.imdb.com/title/tt0133093/?ref_=fn_al_tt_1

base del cráneo. Detalles visuales extraordinarios, pero es muy poco probable que esto funcione, ya que el riesgo de infección o lesión interna sería demasiado elevado. La interfaz real de realidad virtual probablemente sería mínimamente invasiva y desechable en lugar de instalarse quirúrgicamente en el cuerpo.

Lo anterior nos dice todo lo que necesitamos saber sobre la realidad virtual, a saber, que nadie tiene idea de cómo debe funcionar o por qué. En ese sentido, somos como esos futuristas del siglo XIX que imaginaron el futuro con servidores robóticos donde se venden muchos dispositivos como aspiradoras autónomas precisamente por su diseño limpio y no por cualquier funcionalidad inherente. Entonces, la gran lección es que el avance de la tecnología IdC, AR y VR será impulsado por las demandas del mercado libre, que siempre se reducirán a un diseño funcional y espléndido, y los dispositivos serán mínimamente intrusivos y no requerirán espacio para estirar las piernas.

Algo que ningún futurista podría imaginar es que seremos más ricos que cualquier otra generación en la historia del mundo. Somos capaces de pagar todos los gadgets más novedosos, no porque necesitemos su funcionalidad, sino simplemente porque disfrutamos de cómo se ven. En lugar de robots torpes y artilugios voluminosos, tenemos una tecnología más reducida y elegante, y por lo que parece, esta tendencia continuará hasta que finalmente lleguemos a un casco de realidad virtual funcional y espléndido.

Capítulo 17 – Nuestro Futuro

El pasado está repleto de predicciones lamentablemente erróneas sobre la tecnología, con un par de predicciones sólidas que resultaron mucho más precisas de lo esperado. Comparemos uno al lado del otro para entender por qué algunos fallaron y otros tuvieron éxito. Predecir es una tarea ingrata, pero también puede ser una ventana muy emocionante para el futuro si se aborda con cautela. Con eso en mente, comencemos.

Minority Report[62], protagonizada por Tom Cruise, cuenta la historia de una unidad previa al crimen – básicamente detectives psíquicos – que puede tomar ventaja de las corrientes de información que los atraviesan para descubrir el crimen y, por lo tanto, se pueden emitir órdenes de arresto antes de que ocurra el crimen. Estos psíquicos pasan su tiempo encerrados en sus cápsulas donde están sumergidos en algo aparentemente nutritivo y nunca llegan a ver el mundo real. ¿Suena familiar? Sí, en esencia son cautivos totales del reino digital que mencionamos anteriormente, y perdieron toda su capacidad de funcionar en el mundo real.

---

[62]https://www.imdb.com/title/tt0181689/?ref_=fn_al_tt_1

La película es del año 2002, pero el libro en el que se basa es de 1956, por lo que en realidad es sorprendente lo bien que resultó. En un momento, Tom Cruise entra en un concurso donde un anuncio escanea su iris y lo reconoce en una fracción de segundo, mostrando recomendaciones personalizadas e incluso llamándolo por su nombre, que está extrañamente cerca de adónde nos dirigimos. El personaje de Tom también usa una pantalla de realidad aumentada que se parece a una pantalla de computadora transparente que se suspende en el aire donde maneja archivos y carpetas con gestos de mano exagerados. Esa es principalmente una falta porque no hay forma de que alguien pueda repetir esos gestos durante más de unos minutos a la vez.

Mil novecientos ochenta y cuatro de George Orwell describe el mundo distópico del futuro como se imaginó en 1949, poblado por imágenes ominosas de Big Brother que constantemente observa y juzga desde las pantallas de televisión. La televisión se estaba instalando a finales de la década de 1920 cuando Orwell escribió su libro, y está claro que analizó su impacto negativo en la sociedad cuando todo el mundo comenzó a tener esta caja ruidosa y desagradable en sus salas de estar hasta el punto de convertirse en un participante en cada conversación, a menos que no lograra discutir con ello.

Su error fue imaginar todo controlado universalmente y del tamaño de una pared cuando lo que tenemos actualmente es una cantidad de contenido más grande que nunca de todos los productores imaginables en pantallas más reducidas y, sin embargo, con una calidad de imagen más nítida. La lección es que toda la tecnología que tenemos probablemente se volverá cada vez más reducida, con una mayor fragmentación de los creadores de contenido y un aumento constante de la calidad del video. Las personas en el futuro probablemente producirán su propio contenido y ensamblarán sus propias cámaras y otros dispositivos a partir de piezas disponibles gratuitamente.

2001 de Arthur Clarke: *Una odisea del espacio*, escrita en 1968, cuenta la historia de una IA que lidera la expedición humana a la luna de Júpiter en busca del destino de una misteriosa señal de radio activada por un monolito alienígena encontrado en la Luna que se está saliendo de control. La idea de Clarke sobre el futuro era que nos habíamos topado con un callejón sin salida hasta que encontráramos una influencia externa para impulsar nuestro desarrollo más allá de eso, y la solución inevitablemente nos llevará fuera de la órbita de la Madre Tierra. Como lo expresó un famoso presentador de History Channel, en "Aliens".

El año 2001 vino y se fue sin IA, y mucho menos pilotando una nave espacial, o descubrimientos innovadores de objetos extraterrestres. En muchos sentidos, eso hace que el progreso que hicimos desde entonces sea mucho más increíble. ¡Lo hicimos por nuestra cuenta! Eso muestra el asombroso poder de la cooperación global y el intercambio de información, que es todo lo que necesitamos para vivir las mejores vidas que podamos imaginar. Es probable que las formas de recopilar y compartir información se expandan y profundicen, pero siempre con personas por delante. Es cierto que tenemos redes neuronales, pero hasta ahora, todo lo que han hecho es analizar datos y obtener las conclusiones más relevantes.

En resumen, pongámonos un par de gafas de color rosa y soñemos un poco. IdC se ha mostrado extremadamente útil en medicina, automatizando los exámenes para verificar signos vitales, reduciendo el papeleo y los gastos administrativos. Es probable que tengamos más tecnología IdC haciendo el trabajo de un médico, especialmente en áreas rurales en países del tercer mundo donde las instalaciones más básicas son inaccesibles.

Equipado con Internet de alta velocidad que puede transmitir instantáneamente grandes cantidades de datos, un médico en California podría estar usando un dron médico para realizar una cirugía remota en las amígdalas en Bangladesh mientras observa la transmisión de video desde la cámara del dron. Más allá de eso, un algoritmo informático podría observar al médico en el trabajo y luego realizar la cirugía automáticamente después del entrenamiento, con redes neuronales que identifican los síntomas y emiten un diagnóstico.

Una flota de drones médicos podría entregar vacunas o medicamentos a donde sea necesario e implantar sensores quirúrgicos para inyectar a las personas que no han recibido la vacuna. El único problema sería la incertidumbre legal y la responsabilidad en caso de error médico o fallo tecnológico, algo con lo que deberíamos tratar en este momento, preferiblemente creando un marco legal para la IdC transnacional.

La tecnología nos ha permitido generar más riqueza e igualdad que nunca. Si esto continúa, construiremos un mundo donde todos compartan riquezas y todos podamos participar creando contenido de calidad. Todo se volverá cada vez más reducido hasta que se miniaturice y ni siquiera podamos detectarlo a menos que alguien lo señale. La tecnología se integrará en todo, incluida nuestra ropa y cuerpos, con suerte voluntariamente. Sea lo que sea, ese futuro será – nuestro futuro.

Conclusión

Si bien este libro adoptó un evidente enfoque irónico sobre IdC, existe un tono innegable de euforia conectado a todo este tema. La miniaturización ha bajado el listón para la entrada en el mercado de dispositivos de consumo y ha permitido a cualquier persona con un poco de tiempo libre crear su propia línea de productos IdC para vender con un margen de beneficio del 1.000%. Es probable que ninguno de estos productos sea recordado en un par de años, pero aún representan un valiente esfuerzo para explorar y experimentar con lo que parece la combinación perfecta de hardware y software. Parecemos niños que acaban de descubrir petardos – ¿qué no pueden hacer estallar? Al igual que los niños con petardos, puede que no termine de la mejor manera.

Si decide probar uno de estos dispositivos IdC, al menos ahora sabe lo que está comprando. La seguridad es inexistente, incluso cuando se trata de dispositivos IdC de las principales marcas; olvide la privacidad porque a menudo el fabricante será quien lo espíe y posteriormente almacene sus datos de forma imprudente donde cualquier hacker pueda acceder a ellos. Como siempre, los legisladores están atrasados al menos 30 años en el mercado, aunque con IdC no podemos permitir tal demora antes de establecer barreras entre nosotros y el mundo exterior.

Con IdC, todos podemos lograr cosas simples para que nosotros y el resto del mundo estemos más seguros y estables, pero antes de eso, tenemos que entender los conceptos subyacentes. Como ha visto a lo largo de este libro, IdC no es un monstruo o una ciencia espacial, sino una simple evolución de principios mecánicos y digitales para ayudarnos a entrar en el siglo XXI con estilo, ayudándonos a dedicar menos tiempo a nuestras tareas y problemas, como aspirar y buscar cosas en Google. Nuestros servidores robóticos están destinados a ayudar, pero no debemos enamorarnos del diseño elegante o el concepto sorprendente, sino siempre juzgarlos sin piedad en función de su eficiencia.

Glosario

AlphaStar – Una **red neuronal** que venció a los humanos en un videojuego de estrategia en tiempo real, "Starcraft 2", en enero de 2019 en circunstancias dudosas. Fue creado por el equipo DeepMind.

Inteligencia artificial – Una mente mecánica desacoplada de un cuerpo físico. Puede ser visto como superior a los humanos, mientras que en realidad es muy inferior.

Superficie de ataque – La debilidad conjunta de una red que se correlaciona directamente con su complejidad.

Realidad Aumentada – La colocación de una superposición digital en la cima del mundo físico. Normalmente se realiza usando gafas o cascos. Es alcanzable en este momento. Ver **realidad virtual**.

Ceguera de pancarta – La ignorancia voluntaria de las pancartas a las que se debe prestar atención, ya que la información que contienen resultó vaga e inútil.

Macrodatos – Datos enciclopédicos autorreferenciales sobre eventos que revelan los hábitos de las personas que participaron en ellos.

Biorobótica – Usar seres analógicos como portadores vivos de dispositivos digitales.

Bricking – Convertir un dispositivo electrónico en el equivalente de un ladrillo a través de malware o modificaciones sin sentido. Suele ser irreversible.

Ataque de fuerza bruta – Adivinar una contraseña al azar. Los **hackers** generalmente intentarán una lista de contraseñas más débiles antes de darse por vencidos y seguir adelante.

Inteligencia corporativa – Recopilación y utilización de datos a nivel empresarial.

Software restringido – Código de computadora oculto al público en general, pero aún utilizable. Está destinado a proporcionar seguridad **a través de la oscuridad**.

Código computarizado – Equivalente de máquina de un código genético. A diferencia de los genes reales, el código de la computadora no puede mutar o actualizarse para adaptarse al entorno. El **aprendizaje automático** está destinado a proporcionar esa capacidad a las máquinas.

Seguridad Cibernética – Disuadir a los **hackers** que utilizan métodos más baratos, más simples y más fiables que los que utilizan para hackear.

DDoS – Denegación de Servicio Distribuida. Utiliza una multitud de fuentes para vincular los recursos de un sitio web, por lo que deja de responder a los usuarios legítimos.

Devil's Ivy – Ataque de hacker en gSOAP, kit de herramientas de desarrollo para **IdC**.

Ataque de diccionario – Ataque de hackeo simple durante el cual un atacante intenta iniciar sesión en una cuenta utilizando una lista de combinaciones de nombre de usuario / contraseñas disponibles públicamente.

Agregado de funciones – Expandir el alcance original de cualquier software o plataforma más allá de lo que está destinado a sustentar.

Feelreal – Accesorio para auriculares VR que permite al usuario experimentar aromas asignados a los datos VR.

Firmware – Código esencial integrado en el dispositivo.

Ludificación – Convierte las acciones cotidianas en un videojuego con **realidad aumentada**.

Hackers – Atacantes cibernéticos. Utilizan métodos simples, baratos y directos para atacar constantemente los sistemas digitales remotos.

IdC – Internet de las Cosas, una red de dispositivos al azar.

IPv4 – Protocolo de asignación de dirección digital que se acerca rápidamente a su fecha de finalización.

IPv6 – Protocolo IPv4 actualizado. Posee un número asombroso de direcciones, lo que lo hace apto para IdC.

Sistema límbico – El núcleo del cerebro. Altamente predecible por las **redes neuronales**. **Aprendizaje automático** – Superar las limitaciones de la programación estática en las computadoras brindando la capacidad de adaptarse al entorno. Su objetivo es producir un robot "inteligente" que pueda resolver cualquier problema por sí solo.

Metadatos – Datos sobre datos, como cuántas millas recorrió un automóvil, pero no a dónde, cuándo ni a qué velocidad. Se puede usar para el seguimiento si se agrega en **macrodatos**.

Redes Neuronales – Neuronas artificiales dispuestas en estructuras de procesamiento de datos de consenso.

Software Libre – Programa de software gratuito para que cualquiera pueda revisar, usar y editar. Mozilla Firefox es un ejemplo.

Análisis Predictivo – Análisis corporativo de macrodatos para predecir tendencias de comportamiento.

Robots – Máquinas trabajadoras pensantes. Están destinados a ser independientes pero obedientes.

Seguridad a través de la oscuridad – Evadir a los hackers ocultando dispositivos y protocolos entre una gran cantidad de callejones sin salida.

SOAP – Marco de codificación utilizado en dispositivos **IdC**.

Realidad virtual – Inmersión total en el mundo digital. Teóricamente indistinguible de la realidad real, como en la película, *The Matrix*. Se desconoce cómo lograrlo.

VPN – Una red que puede injertarse en un dispositivo para interceptar o bloquear el tráfico.

Sabiduría de la multitud – Propiedad curiosa de las multitudes para estimar correctamente las variables cuando se promedian sus respuestas.

Descubra más libros de Neil Wilkins